Goethe-Institut zur Pflege der deutschen Sprache
im Ausland und zur Förderung der internationalen
kulturellen Zusammenarbeit e.V.

Ludwig-Maximilians-Universität, München

# Prüfungsaufgaben
# zum Deutschen Sprachdiplom
# für Ausländer VIII
# 1983–1985

D1719647

VERLAG FÜR DEUTSCH

# Quellenverzeichnis

Die Textauszüge wurden folgenden Quellen entnommen:

Ilse Aichinger, Nachricht vom Tag, S. Fischer Verlag, Frankfurt am Main; Walter Benjamin, Kulturgeschichte des Spielzeugs, aus: Gesammelte Schriften, Suhrkamp Verlag, Frankfurt am Main 1980; Werner Bergengruen, Badekur des Herzens, Verlag Die Arche, Zürich 1956; Heinrich Böll, Der Rhein, aus: Essayistische Schriften und Reden, Bd. 1, Verlag Kiepenheuer & Witsch, Köln 1979 - Der Lacher, aus: Gesammelte Erzählungen, Bd. 1, Kiepenheuer & Witsch, Köln 1981; Wolfgang Borchert, Die Küchenuhr, aus: Das Gesamtwerk, Rowohlt Verlag, Hamburg 1949; Karl Bosl, Europa im Mittelalter, Verlag Carl Ueberreuter, Wien; Hugo Dittberner, Das leere, aufgeräumte Haus, aus: Die gebratenen Tauben, Rowohlt Taschenbuch Verlag, Reinbek 1981; Michael Ende, Poesie verbindet alle, K. Thienemanns Verlag, Stuttgart; Hans Magnus Enzensberger, Das Plebiszit des Verbrauchers, aus: Einzelheiten I, es 63, Suhrkamp Verlag, Frankfurt am Main 1964; Hans Fallada, Damals bei uns daheim (Mit freundlicher Genehmigung von Emma D. Hey); Sigmund Freud, Das Unbehagen in der Kultur, S. Fischer Verlag, Frankfurt am Main - Der Wahn und die Träume, aus: Gesammelte Werke, Bd. 7, S. Fischer Verlag, Frankfurt am Main; Max Frisch, Stichworte, Suhrkamp Verlag, Frankfurt am Main 1985 - Unterwegs, aus: Gesammelte Werke, Bd. 6, Suhrkamp Verlag, Frankfurt am Main 1976 - Höflichkeit, aus: Ausgewählte Prosa, Suhrkamp Verlag, Frankfurt am Main 1963; George Grosz, Ein kleines Ja und ein großes Nein, Rowohlt Verlag, Hamburg 1955; Peter Handke, Wunschloses Unglück, Suhrkamp Verlag, Frankfurt am Main 1974; Geno Hartlaub, Geisterbahn, in: Schnittpunkte, Propyläen Verlag, Berlin 1966; Otto Heuschele, Glückhafte Reise, Landschaften - Städte - Begegnungen (Mit freundlicher Genehmigung des Autors); Hugo von Hofmannsthal, Prosa III, S. Fischer, Frankfurt am Main; Franz Kafka, Tagebücher, S. Fischer Verlag, Frankfurt am Main; M.-L. Kaschnitz, Der Spinner, aus: Vogel Rock, Suhrkamp Verlag, Frankfurt am Main 1969; Irmgard Keun, Porträt einer Frau mit schlechten Eigenschaften, Claassen Verlag, Düsseldorf; Josef Kirschner, Die Kunst, ein Egoist zu sein, Droemer Knaur Verlag, Schoeller & Co., Locarno 1976; Michael Landmann, Philosophische Anthropologie, Verlag de Gruyter, Berlin 1976; Hartmut Lange, Tagebuch eines Melancholikers, Siedler Verlag, Berlin 1976; Georg Lukacs, Ästhetik I, Hermann Luchterhand Verlag, Darmstadt und Neuwied 1963; Peter Maiwald, Die Entdeckung (unveröffentlichtes Manuskript, mit freundlicher Genehmigung des Autors); Klaus Mann, Kind dieser Zeit, Ellermann Verlag, München 1965; Alfred Polger, Traktat vom Herzen, aus: Kleine Schriften II, Rowohlt Verlag, Reinbek 1963; Michael Schneider, Das Spiegelkabinett, Verlag Kiepenheuer & Witsch, Köln; Wolfdietrich Schnurre, Das Los unserer Stadt, Ullstein Verlag, Berlin - Der Schattenfotograf, Paul List Verlag, München; Dolf Sternberger, Über den Tod, Insel Verlag, Frankfurt am Main 1981; Peter Weidhaas, Das Buch widersteht, in: FR, 10.12.1983; Peter Weiss, Abschied von den Eltern, Suhrkamp Verlag, Frankfurt am Main 1961; Urs Widmer, Schulhäusler, lebenslänglich, in: Freibeuter 5 (Mit freundlicher Genehmigung des Autors); Stefan Zweig, Die Welt von Gestern, S. Fischer Verlag, Frankfurt am Main.

ISBN 3-88532-691-4

© 1986 VERLAG FÜR DEUTSCH, Max-Hueber-Straße 8, D-8045 Ismaning/München
Druck und Bindung: Ph. Reclam, Ditzingen
Printed in the Federal Republic of Germany

# INHALT

## I. GROSSES DEUTSCHES SPRACHDIPLOM

Mündliche Prüfung

Schriftliche Prüfung

## II. KLEINES DEUTSCHES SPRACHDIPLOM

Mündliche Prüfung

Schriftliche Prüfung

## Vorwort

Das DEUTSCHE SPRACHDIPLOM FÜR AUSLÄNDER wird vom Goethe-Institut im Auftrag der Ludwig-Maximilians-Universität zu München verliehen. Es kann in zwei Stufen, dem Großen und dem Kleinen Deutschen Sprachdiplom, erworben werden. Beide Diplome bestätigen - auf unterschiedlichem Niveau - deutsche Sprachkenntnisse, wobei die Zulassung zur Prüfung nicht davon abhängt, wo und wie die Sprachkenntnisse erworben wurden. Voraussetzung für die Teilnahme an der Prüfung zum Deutschen Sprachdiplom sind die in der Prüfungsordnung unter 'Zulassung zur Prüfung' genannten Bedingungen; der Nachweis einer bestimmten Vor- und Ausbildung oder der vorherige Besuch von Sprachkursen wird vom Bewerber bei der Anmeldung zur Diplomprüfung nicht gefordert.

Um allen Interessenten die Möglichkeit zu geben, sich über die Prüfungsordnung, die Prüfungsanforderungen und den Schwierigkeitsgrad, sowie über die Prüfungszentren, an denen die Prüfung abgelegt werden kann, zu informieren, werden regelmäßig die Prüfungsaufgaben vorausgegangener Prüfungstermine, die Prüfungsordnung und eine dem neuesten Stand entsprechende Liste der Prüfungszentren veröffentlicht. Die Veröffentlichung dient nicht nur dem Zweck der Information. Vielmehr kann die Sammlung der Prüfungsaufgaben auch bei der Vorbereitung auf die Prüfung hilfreich sein, und zwar sowohl für Diplombewerber als auch für Lehrer, die Vorbereitungskurse durchführen. Vielleicht vermag die Sammlung auch Lehrenden von Deutsch als Fremdsprache Anregungen zu geben für Vorgehensweisen bei der Textbearbeitung, für Übungs- und Prüfungsformen oder für die Auswahl von Texten und Themen.

Im vorliegenden Heft sind die Prüfungsaufgaben der Jahre 1983, 1984 und 1985 zusammengefaßt. Das Heft kann über den Verlag bezogen werden. (In Ausnahmefällen können auch die Prüfungszentren bei der Beschaffung behilflich sein.) Von den Textvorlagen zum Prüfungsteil 'Übersetzung' sind jeweils nur exemplarische Beispiele abgedruckt. Die übrigen zu den verschiedenen Prüfungsterminen vorgelegten Übersetzungstexte sind über die Geschäftsstelle in München oder über die Prüfungszentren erhältlich.

Geschäftsstelle Deutsches Sprachdiplom
München, April 1986.

Geschäftsstelle Deutsches Sprachdiplom und Prüfungszentrum,
Goethe-Institut, Zentralverwaltung, Lenbachplatz 3, 8000 München 2

## Allgemeines

1. Das Diplom wird vom Goethe-Institut im Auftrag der Ludwig-Maximilians-Universität zu München verliehen.

2. Das Diplom wird in zwei Stufen verliehen:
   I. GROSSES DEUTSCHES SPRACHDIPLOM
   II. KLEINES DEUTSCHES SPRACHDIPLOM

3. Die Prüfung kann in München sowie an noch näher zu bestimmenden Plätzen nach dieser Prüfungsordnung abgehalten werden. (Siehe Verzeichnis der Prüfungszentren für das Deutsche Sprachdiplom.)

### Prüfungsanforderungen

4. Die Prüfung wird schriftlich und mündlich abgehalten.

5. Die Prüfungsordnung sieht für die beiden Stufen im einzelnen folgendes vor:

## I. Großes Deutsches Sprachdiplom

### Mündliche Prüfung

A a) Freier Vortrag von etwa 10 Minuten Dauer über ein vorher gestelltes Thema (3 Themen zur Auswahl) mit anschließendem Gespräch
Zeit: 20 Minuten

   b) Vorlesen eines vorbereiteten und eines unvorbereiteten Textes
Zeit: 10 Minuten

   c) Diktat eines anspruchsvollen deutschen Textes von etwa 20 Zeilen Länge
Zeit: 20 Minuten

### Schriftliche Prüfung

B Aufsatz (6 Themen zur Wahl)
Zeit: 180 Minuten

C a) Erklärung eines vorgelegten Textes nach Inhalt, Wortschatz und Stil
Zeit: 120 Minuten

   b) Aufgaben zur Prüfung der Ausdrucksfähigkeit oder Übersetzung eines Textes von etwa 20 Zeilen Länge aus der Muttersprache des Bewerbers (oder einer anderen ihm geläufigen Sprache) ins Deutsche, nach Wahl des Bewerbers
Zeit: 60 Minuten

D Bearbeitung von Fragen
a) aus einem der drei Gebiete »Deutsche Literatur«, »Naturwissenschaften« oder »Wirtschaftswissenschaften« nach Wahl des Bewerbers
Zeit: 120 Minuten

   b) zur Landeskunde
Zeit: 60 Minuten

---

[+] Ab November 1986 sind Änderungen in der Prüfungsordnung vorgesehen.

## II. Kleines Deutsches Sprachdiplom

### Mündliche Prüfung

A a) Freier Vortrag von etwa 5 Minuten Dauer über ein vorher gestelltes Thema (3 Themen zur Auswahl) mit anschließendem Gespräch
Zeit: 15 Minuten

   b) Lesen eines vorbereiteten und eines unvorbereiteten Textes
Zeit: 10 Minuten

   c) Diktat eines mittelschweren deutschen Textes von etwa 20 Zeilen Länge
Zeit: 20 Minuten

### Schriftliche Prüfung

B a) Erklärung eines vorgelegten Textes nach Inhalt und Wortschatz
Zeit: 90 Minuten

   b) Aufgaben zur Prüfung der Ausdrucksfähigkeit oder Übersetzung eines Textes von etwa 20 Zeilen Länge aus der Muttersprache des Bewerbers (oder einer anderen ihm geläufigen Sprache) ins Deutsche, nach Wahl des Bewerbers
Zeit: 60 Minuten

C a) Bearbeitung von Fragen zur Lektüre
Zeit: 120 Minuten

   b) Aufsatz über ein einfaches allgemeines Thema (4 Themen zur Wahl)
Zeit: 60 Minuten

6. Die Prüfung erfordert vom Bewerber die vorherige gründliche Lektüre einiger Bücher, für die Kandidaten des Großen Sprachdiploms die Lektüre von Büchern aus dem zu D a) gewählten Gebiet und zur Landeskunde. Jeder Bewerber erhält nach Anmeldung eine Bücherliste zugesandt.
Themen und Texte früherer Prüfungen sind auf Anforderung erhältlich.

### Prüfungstermine

7. Die Prüfung wird je nach Bedarf in ganz- oder halbjährigem Abstand, jedoch nicht häufiger, durchgeführt.

### Zeugnisse

8. Für das Zeugnis sind drei Notenstufen vorgesehen: sehr gut, gut, befriedigend.

9. Nach bestandenem Examen erhält jeder Kandidat ein Diplom zugesandt. Duplikate werden nicht ausgestellt. Auf Antrag werden jedoch Bescheinigungen über das Ergebnis der Prüfung ausgegeben.

### Zulassung zur Prüfung

10. Die Zulassung zur Prüfung ist unabhängig von der Vorbildung oder dem Besuch bestimmter Kurse.

Das Deutsche Sprachdiplom kann von folgenden Personen erworben werden:

(1) von Personen, die nicht die deutsche Staatsangehörigkeit besitzen und Deutsch nicht als Muttersprache sprechen;

(2) von Personen, die die deutsche Staatsangehörigkeit besitzen, aber Deutsch nicht als Muttersprache sprechen und bei einer Institution einen Nachweis über ihre Deutschkenntnisse vorlegen müssen; dies trifft z. B. für Aussiedler aus Polen zu.

Das Deutsche Sprachdiplom kann **nicht** erworben werden

— von Personen, die nicht die deutsche Staatsangehörigkeit, aber die Staatsangehörigkeit eines deutschsprachigen Landes besitzen (z. B. deutschsprachige Schweiz, Österreich) und Deutsch (auch als Dialekt) als Muttersprache sprechen;

— von Personen, die ihre Schulausbildung in Schulen mit ausschließlich Deutsch als Unterrichtssprache erfahren haben. (In begründeten Ausnahmefällen ist ein Antrag auf Zulassung zu stellen).

Alle durch die Punkte (1) und (2) nicht erfaßten Personen, die das Deutsche Sprachdiplom zur Vorlage bei einer Behörde benötigen, können bei der Geschäftsstelle des Deutschen Sprachdiploms in München einen Antrag auf Zulassung zur Prüfung stellen; dabei muß jedoch nachgewiesen werden, von welcher Behörde das Deutsche Sprachdiplom als Nachweis verlangt wird.

11. Der Zulassung sollte ein Gespräch mit einem verantwortlichen Mitarbeiter des jeweiligen Prüfungszentrums vorausgehen. In diesem Gespräch soll der Kandidat eine klare Vorstellung davon gewinnen, welche Aussichten er hat, die Prüfung zu bestehen. Auf jeden Fall muß den Kandidaten die Möglichkeit gegeben werden, sich über den Schwierigkeitsgrad der Prüfung zu orientieren.

12. Das Mindestalter für die Zulassung zum Großen Deutschen Sprachdiplom liegt beim vollendeten achtzehnten Lebensjahr.

13. Die Anmeldung muß spätestens drei Monate vor Beginn der Prüfung erfolgen.

### Bestehen der Prüfung

14. Bestanden hat, wer in jedem der Teilgebiete A bis D beim Großen Deutschen Sprachdiplom und A bis C beim Kleinen Deutschen Sprachdiplom mindestens befriedigende Ergebnisse erzielt hat.

Wer in nur einem Teilgebiet nicht bestanden hat, kann die Prüfung in diesem Gebiet innerhalb eines Jahres wiederholen. Die Gesamtnote kann dann nicht besser als befriedigend sein.

### Ausschluß

15. Wer gegen die Prüfungsordnung verstößt, Prüfungszeiten nicht einhält, sich unerlaubter Hilfsmittel bedient oder andere Täuschungsversuche unternimmt, wird von der Prüfung ausgeschlossen.

### Prüfungsgebühren

16. Die Prüfungsgebühren betragen für das Große Deutsche Sprachdiplom DM 150,–, für das Kleine Deutsche Sprachdiplom DM 110,–. Sie sind bei der Anmeldung fällig.

17. Gebühren für Wiederholungsprüfungen in einem Teilgebiet betragen in beiden Stufen DM 50,–.

18. Eingezahlte Prüfungsgebühren können nicht zurückerstattet werden. Wenn der Kandidat vor der Prüfung schriftlich den Rücktritt mitteilt, erhält er einen Gutschein, der für Prüfungen innerhalb der nächsten drei Jahre gültig ist. Die Rücktrittserklärung muß spätestens 14 Tage vor dem Termin der mündlichen Prüfung dem Prüfungszentrum vorliegen. Der Wert der Gutscheine beträgt für das Große Deutsche Sprachdiplom DM 130,–, für das Kleine Deutsche Sprachdiplom DM 90,–.

VERZEICHNIS DER PRÜFUNGSZENTREN
FÜR DAS DEUTSCHE SPRACHDIPLOM

Stand: Oktober 1985

A: In der Bundesrepublik Deutschland

| | |
|---|---|
| Berlin | Goethe-Institut, Knesebeckstr. 38-48, 1000 Berlin 15 |
| Bremen | Goethe-Institut, Fedelhören 78, 2800 Bremen |
| Düsseldorf | Volkshochschule Düsseldorf, Fürstenwall 5, 4000 Düsseldorf 1 |
| Duisburg | Forum, Volkshochschule Abt. II, Am König-Heinrich-Platz, 4100 Duisburg 1 |
| Erlangen | Sprachenzentrum der Universität, Bismarckstr. 1, 8520 Erlangen |
| Frankfurt | Hessischer Volkshochschulverband, Winterbachstr. 38, 6000 Frankfurt/Main 1 |
| Hamburg | Universität Hamburg, Literaturwissenschaftl. Seminar, Abt. Deutsch als Fremdsprache, Von-Melle-Park 6, 2000 Hamburg 13 |
| Hannover | Landesverband der Volkshochschulen Niedersachsens, Bödekerstr. 16, 3000 Hannover |
| Iserlohn | Goethe-Institut, Stennerstr. 4, 5860 Iserlohn |
| Köln | Volkshochschule der Stadt Köln, Josef-Haubrich-Hof 1 (Neumarkt), 5000 Köln 1 |
| Mannheim | Goethe-Institut, Ifflandstr. 2-6, 6800 Mannheim |
| München | Goethe-Institut, Sonnenstr. 25, 8000 München 2 |

B: Im Ausland

| | |
|---|---|
| Ägypten | Goethe-Institut, 6, Sharia Abdel Salam Aref, P.O.B. 7 (Moh. Farid), Kairo |
| Afghanistan | Goethe-Institut, P.O.B. 191, Kabul |
| Argentinien | Instituto Goethe, Avenida Corrientes 319/43, 1043 Buenos Aires |
| | Instituto Goethe, Bv. Chacabuco 476, 5000 Córdoba |
| Australien | Goethe-Institute, 606 St. Kilda Raod, Melbourne, Vic 3004 |
| | Goethe-Institute, 90 Ocean Street, Woollahra, N.S.W. 2025, Sydney |
| Belgien | Goethe-Institut, Rue Belliard 58, B-1040 Bruxelles |
| Bolivien | Instituto Cultural Boliviano-Alemán, Av. 6 de Agosto 2118, Casilla Correo 2195, La Paz |
| Brasilien | Instituto Cultural Brasil Alemanha, Av. Graça Aranha 416, 9º· andar, Caixa Postal 245, 20001 Rio de Janeiro |
| | Instituto Cultural Brasileiro-Alemão, Rua 24 de Outubro, 112, Caixa Postal 2511, 90000 Porto Alegre |
| | Instituto Goethe, Rua Lisboa, 974, Caixa Postal 30642, 5413 São Paulo |

Instituto Cultural Brasil Alemanha, Avenida 7 de Setembro, 1809, Caixa Postal 756, 40000 Salvador-Bahia

Instituto Cultural Brasileiro-Germânico, Rua Duque de Caxias, 4, Caixa Postal 1285, 80000 Curitiba - Paraná

| | |
|---|---|
| Chile | Instituto Chileno-Alemán de Cultura, Calle Esmeralda 650, Santiago de Chile |
| Dänemark | Deutsches Kulturinstitut, Nørre Voldgade 106, 1358 Kopenhagen K. |
| Elfenbein-küste | Goethe-Institut, Centre Culturel Allemand, 08 B.P. 982, Abidjan 08 |
| Finnland | Goethe-Institut, Mannerheimintie 14 A, SF-00100 Helsinki 10 |
| Frankreich | Goethe-Institut, 17, Avenue d'Iéna, F-75116 Paris |
| | Goethe-Institut, Centre Culturel Allemand, 98, rue des Stations, F-59800 Lille |
| | Centre Culturel Allemand, 16-18, rue François Dauphin, F-69002 Lyon |
| Griechenland | Goethe-Institut, Omirou 14-16, P.O.B. 11.100, 10310 Athen |
| | Goethe-Institut, Leoforos Nikis 15, P.O.B. 10.268, 54110 Thessaloniki |
| Groß-britannien | Goethe-Institut, 50/51 Princes Gate, London S.W. 7 2PH |
| | Scottish-German Centre, 2/3 Park Circus, Glasgow G3 6AX |
| | Goethe-Institut, 14, John-Dalton Street, Manchester M2 6HG |
| Indien | Max Mueller Bhavan, 3 Kasturba Gandhi Marg, New Delhi 110 001 |
| | Max Mueller Bhavan, 8, Pramatesh Barua Sarani, Kalkutta 700 019 |
| | Max Mueller Bhavan, Express Estates, Club House Road, Madras 600 002 |
| | Max Mueller Bhavan, 14/3-B, Boat Club Road, Pune 411 001 (Poona) |
| Indonesien | Goethe-Institut, Pusat Kebudayaan Jerman, Jalan Matraman Raya 23, P.O.B. 02 Jatinegara, Jakarta 13001 |
| Iran | Goethe-Institut, Park Avenue, 7th Str., 21, P.O.B. 1895, Teheran-Abassabad |
| Irland | Goethe-Institute, 37, Merrion Square, Dublin 2 |
| Israel | Goethe-Institut, 4, Weizmann St., P.O.B. 22691, Tel Aviv 61 336 |
| Italien | Biblioteca Germanica, Palazzo Odescalchi, Via del Corso, 262-267, I-00186 Roma |
| | Centro Culturale Tedesco, Salita Santa Caterina, 4, I-16123 Genova |
| | Centro Culturale Tedesco, Via San Paolo 10, I-20121 Milano |
| | Goethe-Institut, Palazzo Spalletti, Riviera di Chiaia 202, I-80121 Napoli |
| | Goethe-Institut, Via Vaccarini, 1, I-90143 Palermo |
| | Goethe-Institut, Piazza San Carlo 206, I-10121 Torino |

| | |
|---|---|
| Japan | Goethe-Institut, 7-5-56 Akasaka, Minato-ku, Tokyo 107 |
| | Goethe-Institut, Sakyo-ku, Yoshida, Kawahara-cho 19-3, 606 Kyoto |
| | Goethe-Institut, Shindai Bldg., Room 935, 2-6, 1-chome, Dojimahama, Kita-ku, Osaka 530 |
| Kanada | Goethe-Institut, Place Bonaventure, P.O.B. 428, Montreal, Quebec H5A 1B8 |
| | Goethe-Institut, 1067 Yonge Street, Toronto, Ontario M4W 2L2 |
| Kenia | Goethe-Institut, Loita/Monrovia St., Maendeleo House, P.O.Box 49468, Nairobi |
| Korea | Goethe-Institut, 339-1, Huma-dong, Yongsan-ku, Seoul |
| Libanon | 11, rue Bliss, Manara, P.O.B. 113-5159, Beirut |
| Mexico | Instituto Cultural Alemán, Tonalá 43, 06700 Mexico, D.F. |
| Neuseeland | German Cultural Centre, Goethe-Institute, Sidney Bates Building, Victoria Street 69-71, P.O.B. 11-844, Wellington/New Zealand |
| Niederlande | Goethe-Institut, 's-Gravendijkwal 50-52, NL-3014 ED Rotterdam |
| Norwegen | Goethe-Institut, Uranienborg terrasse 6, Oslo |
| | Goethe-Institut, Komediebakken 11, Bergen |
| Peru | Asociación Cultural Peruano-Alemana, Instituto Goethe, Jiron Ica 426, Apartado 3042, Lima |
| Portugal | Instituto Alemão, Campo dos Mártires da Patria 36-37, 1198 Lisboa-Codex |
| Schweden | Goethe-Institut, Linnégatan 76, S-11523 Stockholm |
| Schweiz | Dolmetscherschule, Scheuchzerstr. 68, CH-8006 Zürich |
| | Neue Sprach- und Handelsschule, Stadt-Casino, Freie Str. 35, CH-4051 Basel |
| | Université de Lausanne, Section d'allemand, BFSH 1, CH-1015 Lausanne |
| Spanien | Instituto Alemán, Deutsches Kulturinstitut, Zurbaran 21, E-28010 Madrid-4 |
| | Instituto Alemán, Gran Via de Les Corts Catalanes 591, E-08007 Barcelona |
| Türkei | Alman Kültür Merkezi, Deutsches Kulturinstitut, Atatürk Bulvari 131, Bakanliklar, Ankara |
| Uruguay | Goethe-Institut, Canelones 1524, Casilla de Correo 1257, Montevideo |

| | |
|---|---|
| USA | German Cultural Center, Goethe-Institute, 400 Colony Square, Atlanta, Georgia 30361 |
| | German Cultural Center, 170 Beacon Street, Boston, Mass. 02116 |
| | German Cultural Center, Goethe-Institute, 401, North Michigan Avenue, Chicago, Ill. 60611 |
| | Goethe-Institut, German Cultural Center, One Corporate Square, 2600 Southwest Freeway, Houston, Tx 77098 |
| | Goethe-House, 1014 Fifth Avenue, New York, N.Y. 10028 |
| | Goethe-Institute, 530 Bush Street, San Francisco, CA 94108 |
| Venezuela | Asosciación Cultural Humboldt, Edificio Pigalle, Avenida Leonardo da Vinci, Colinas de Bello Monte, Apartado 60501, Caracas 1060-A |
| Zypern | Goethe-Institut, Markos Drakos Avenue 21, P.O.B. 1813, Nicosia |

PRÜFUNGSAUFGABEN

# I. GROSSES DEUTSCHES SPRACHDIPLOM

Mündliche Prüfung

THEMEN ZUM FREIEN VORTRAG

1983/1  1. Welchen politischen Konflikt auf der Welt halten Sie für den gefährlichsten? Begründen Sie Ihre Meinung!

2. Wie kann man in der Familie zu demokratischem Verhalten erziehen?

3. Warum veröffentlichen viele Menschen ihre Lebenserinnerungen?

4. Welche Formen von Entwicklungshilfe halten Sie für sinnvoll und machbar? Wo liegen Gefahren für den Mißbrauch von "Entwicklungshilfe"?

5. Worin sehen Sie die Ursachen für die Flucht vieler Jugendlicher in religiöse Sekten?

1983/2  1. Welche Auswirkungen hat die steigende Lebenserwartung der Menschen? Erhärten Sie Ihre Thesen durch konkrete Beispiele.

2. Ein(e) Freund(in) möchte die Literatur Ihres Heimatlandes kennenlernen. Welches Buch (welche Bücher) würden Sie empfehlen? Begründen Sie Ihre Wahl!

3. In den "reichen" Ländern wird heutzutage viel Geld für das Essen ausgegeben, während ganze Völkergruppen hungern und verhungern. Welche Möglichkeiten sehen Sie, diesen Zustand zu ändern?

4. Vor fünfzig Jahren ergriffen die Nationalsozialisten die Macht in Deutschland. Glauben Sie, daß eine solche Entwicklung wie damals heute noch einmal eintreten könnte? Begründen Sie Ihre Ansicht!

5. Manche Leute behaupten, die Deutschen liebten ihre Haustiere mehr als ihre Mitmenschen. Was wird in dieser Behauptung Ihrer Meinung nach ausgedrückt?

1984/1  1. "Essen und Trinken hält Leib und Seele zusammen", heißt ein alter Spruch. Welchen Stellenwert geben Sie der Nahrungsvorbereitung, -qualität und -aufnahme? Welche Rolle spielt das Essen und Trinken über die rein physiologische Funktion hinaus im Leben der Menschen?

2. "Dazu braucht man Phantasie" oder "Der hat viel Phantasie", so heißt es oft. Was für eine Rolle kann und sollte die Phantasie im Leben eines Menschen spielen? Ist großer Phantasiereichtum nur positiv zu bewerten?

3. Viele Menschen bezeichnen ein Erlebnis, das ihr Leben beeinflußt hat, als "Schlüsselerlebnis". Hatten Sie auch ein derartiges "Schlüsselerlebnis", und was hat es bewirkt?

4. Es gibt heute verschiedene übernationale Institutionen, wie z.B. die UNO, die sich um weltweite politische Regelungen bemühen. Wie beurteilen Sie die Arbeit und Erfolgsaussichten solcher Institutionen?

5. In welchem Maße sollen sich Wissenschaftler in Forschung und Entwicklung von Berufsethos und Verantwortung der Gesellschaft gegenüber leiten lassen?

1984/2  1. Trotz des steigenden Angebots der Massenmedien erscheinen noch immer eine große Anzahl von Büchern. Wie ist das zu erklären?

2. Die Scheu vor festen Bindungen nimmt so zu, daß man schon sagt, Liebe und Treue seien nicht mehr zeitgemäß, sondern nur noch Begriffe der Werbung. Äußern Sie sich zu dieser These!

3. Was wissen Sie über das Problem der gesellschaftlichen Isolation von alten Leuten? Trifft das auch auf Ihr Heimatland zu?

4. Halten Sie die Institution der Ehe heute noch für notwendig?

5. Welche Bedingungen müßte eine Zeitung erfüllen, die Sie gern regelmäßig lesen würden?

1985/1  1. Es wird behauptet, in unserer technisierten Arbeits- und Umwelt sei kein Platz mehr für "Freundlichkeit". Was ist Ihre Meinung dazu?

2. Wie kann ein langer Aufenthalt im Ausland das Verhältnis zur eigenen Heimat verändern?

3. Die Zahl der psychisch Kranken nimmt besonders in den Industrieländern ständig zu. Woran liegt das und was kann Ihrer Meinung nach dagegen getan werden?

4. Was gehört Ihrer Meinung nach zu einer guten Allgemeinbildung? Wieweit wird ein Mensch in seinem Charakter von seiner Bildung geprägt?

5. In einer pädagogischen Zeitschrift wurde die Frage gestellt: "Macht die Schule unsere Kinder kaputt?" Halten Sie diese Frage für berechtigt, und wie würden Sie sie beantworten?

1985/2  1. Sind Sie der Meinung, daß ausländische Arbeitnehmer in Zeiten einer wirtschaftlichen Krise des Gastlandes in ihre Heimatländer zurückkehren sollen? Begründen Sie Ihre Ansicht!

2. Früher sagte man: "Kleider machen Leute". In der heutigen Mode ist alles erlaubt. Wägen Sie ab zwischen Bekleidungsvorschriften und dem Recht des einzelnen auf Selbstverwirklichung.

3. In jedem Land gibt es die sogenannte Skandalpresse, die zumeist die höchsten Auflagen aufweisen kann. Worauf beruht Ihrer Meinung nach deren besondere Anziehungskraft auf die Leser? Worin liegt die besondere Gefahr dieser Blätter, und wie könnte man diese Gefahr neutralisieren?

4. Warum befinden sich heute viele Kunstschätze nicht mehr in ihrem Ursprungsland, sondern anderswo? Sollte sich hier etwas ändern? Begründen Sie Ihre Meinung!

5. Beim heutigen Wachstum der Weltbevölkerung wird sich die Menschheit in ungefähr dreißig Jahren verdoppelt haben. Welche Probleme kommen damit auf uns alle zu, und wie könnte diese fatale Entwicklung gesteuert werden?

VORBEREITETES LESEN

1983/1  Ohne Frage ist die Proportion eine Widerspiegelung der objektiven Wirklichkeit. Wenn unsere Existenz sich nicht in einer Welt voll von ihren objektiven Existenzbedingungen entsprechend proportionierten Lebewesen und Dingen abspielen, wenn die einfachste Arbeitspraxis nicht zeigen würde, daß kein brauchbarer Gegenstand hergestellt werden kann, der nicht, im engsten Zusammenhang mit seiner Nutzbarkeit, dem Zweck seiner Produktion, richtig proportioniert sein müßte, so wäre die Vorstellung der Proportion wohl nie entstanden. Wie stark die Vermittlungsrolle der Arbeit in der Entdeckung der Proportionalität der nicht vom Menschen geschaffenen Welt wirksam gewesen ist, werden wir wohl nie mit voller Sicherheit wissen. Der Zusammenhang ist hier, ebenso wie bei der Symmetrie, weniger faßbar als im Falle des Rhythmus. Dazu kommt, daß sowohl Symmetrie wie Proportion so wichtige Momente der Morphologie der Lebewesen, darunter auch des Menschen sind, daß es naheliegt, anzunehmen, ihre Wirkung auf das Erkenntnis- und Schaffensinteresse sei eine direkte, keiner Vermittlungen bedürftige gewesen. Solche Erklärungen sind sehr häufig. Ihre Quelle in der modernen bürgerlichen Kunsttheorie ist die Scheu davor, in der Widerspiegelung der Wirklichkeit das wesentliche Moment der Arbeit anzuerkennen.

Aus: Georg Lukacs, Ästhetik: Proportion und Symmetrie

1983/2   Die letzten Tage des Todeskandidaten

Seine Rolle während der letzten sechs Wochen vor der Hinrichtung war die eines Meteors: eine helle Lichtspur in der Dunkelheit, in der wir leben. Ich kenne in unserer Geschichte nichts, was so wunderbar war. Wenn in dieser Zeit, anläßlich eines Vortrags oder in der Unterhaltung, beim Gespräch über seine letzten Taten und Worte jemand auf die alten Vorbilder des Heldentums zu sprechen kam, erschienen sie jedem intelligenten Publikum als zu schwach und zu weit hergeholt. Was mich betrifft, so halte ich mich mehr an die Natur als an Menschen, doch ein menschliches Ereignis, das einen wirklich berührt, macht unsere Augen blind für die Dinge der Natur. Ich war so gefesselt von ihm, daß ich überrascht war, wenn ich bemerkte, daß der alltägliche Lauf der Natur noch immer weiterging, oder wenn ich Leute traf, die unbekümmert ihren Geschäften nachgingen. Es kam mir seltsam vor, daß der kleine Vogel noch immer so ruhig in den Fluß hineintauchte wie eh und je. Man konnte daraus schließen, daß dieser Vogel wohl immer noch tauchen würde, wenn das ganze Dorf längst nicht mehr bestehen würde.

Nachdem man ihn schließlich gehenkt hatte, fühlte ein Geistlicher, der zuerst schockiert und herablassend gewesen war, das Bedürfnis, über ihne Predigt zu halten. Darin widmete er ihm einen guten Nachruf, wenn er auch feststellte, daß sein Verbrechen ein Verbrechen gewesen war. Nach der Kirche glaubte sich ein einflußreicher Lehrer in der Abendschule bemüßigt, seinen erwachsenen Schülern mitzuteilen, daß auch er ursprünglich so gedacht habe wie der Prediger vorher, daß er nun aber denke, der Hingerichtete sei im Recht. Selbstverständlich waren aber seine Schüler schon wieder weiter als der Lehrer, der wiederum weiter als der Priester war. Und am weitesten waren die kleinen Jungen, die zu Hause ihre Eltern fragten, warum der liebe Gott nicht gleich selber eingegriffen habe, um die maliziöse Hinrichtung zu verhindern.

Aus und nach: Henry David Thoreau, Die letzten Tage des John Braun, in: Über die Pflicht zum Ungehorsam gegen den Staat, Zürich 1967

1984/1   Mein Großvater - er lebt noch und ist heute sechsundachtzig Jahre alt - war Zimmermann und bearbeitete daneben mit Hilfe seiner Frau ein paar Äcker und Wiesen, für die er einen jährlichen Pachtzins ablieferte. Er ist slowenischer Abstammung und unehelich geboren, wie damals die meisten Kinder der kleinbäuerlichen Bewohner, die, längst geschlechtsreif, zum Heiraten keine Mittel und zur Eheführung keine Räumlichkeiten hatten. Seine Mutter wenigstens war die Tochter eines recht wohlhabenden Bauern, bei dem sein Vater, für ihn nicht mehr als "der Erzeuger", als Knecht hauste. Immerhin bekam seine Mutter auf diese Weise die Mittel zum Kauf eines kleinen Anwesens.

Nach Generationen von besitzlosen Knechtsgestalten mit lückenhaft ausgefüllten Taufscheinen, in fremden Kammern geboren und gestorben, kaum zu beerben, weil sie mit der einzigen Habe, dem Feiertagsanzug ins Grab gelegt wurden, wuchs so der Großvater als erster in seiner Umgebung auf, in der er sich auch wirklich zu Hause fühlen konnte, ohne gegen tägliche Arbeitsleistung nur geduldet zu sein.

15

Zur Verteidigung der wirtschaftlichen Grundsätze der westlichen Welt war vor kurzem im Wirtschaftsteil einer Zeitung zu lesen, daß Eigentum VERDINGLICHTE FREIHEIT sei. Für meinen Großvater damals, als dem ersten Eigentümer, wenigstens von unbeweglichem Besitz, in einer Serie von Mittellosen und so auch Machtlosen, traf das vielleicht noch zu: das Bewußtsein, etwas zu besitzen, war so befreiend, daß nach generationenlanger Willenslosigkeit sich plötzlich ein Wille bilden konnte: noch freier zu werden, und das hieß nur, und für den Großvater in seiner Situation sicher zu Recht: den Besitz zu vergrößern.

Aus: Peter Handke, Wunschloses Unglück

**1984/2  Niedergang des Römerreiches im 4. Jahrhundert**

Das Römerreich ging an seiner Größe zugrunde, weil es seine Gesellschaft nicht mehr mit Leben erfüllen konnte. Aus der Not der Zeit und der Anfälligkeit des Reiches nach innen und außen erwuchs der Zwangsstaat, der persönliche Freiheit, aber auch schöpferische Kraft hemmte oder tötete. Immer kleiner wurde der Kreis der Menschen, die noch in Freiheit, Anmut und Würde leben und sich der geistigen Bildung, Literatur und Kunst hingeben konnten. Je mehr die Werte der Bildung ihre Wirkung verloren, um so stärker wurden Form und Wort zur leeren Hülle, die, durch Tradition zwar geheiligt, den Zusammenhang mit den geistigen Nöten der spätantiken Menschen verlor.

Der griechische Osten war noch lebendiger und kraftvoller als der lateinische Westen, in dem die geistige Regsamkeit in breiten Volksschichten erstarb. Die Folge war, daß der personale Mensch auf der Suche nach neuen Gehalten alter Form, nur noch in der Religion Zuflucht und Anregung fand. Deren große Stunde kam jetzt; denn der Bund des kaiserlichen Zwangsstaates mit der christlichen Religion gab den Priestern eine neue Funktion in einer Reichskirche, die nach dem Absterben des Staates im Westen die Reste der alten Formen mit neuem Inhalt und neuer Zielsetzung an neue oder verwandelte Herren, Menschen, Völker als Erbe und Bausteine für eine neue Welt weitergab. Freiheit flüchtete sich in Religion, wo allein noch Freiheit in der Verehrung dessen bestätigt werden konnte, was man sich kraft eigener Entscheidung erkor.

Aus: Karl Bosl, "Europa im Mittelalter"

**1985/1  Der antike und der mittelalterliche Europabegriff**

Europa wurde von den Phöniziern entdeckt, deren Seefahrten, Piratenzüge, Handelskontore sich über die Säulen des Herkules, die Meerenge von Gibraltar bis zu den Kanarischen Inseln, zur Bretagne, den Britischen Inseln und der Nordsee erstreckten und ausbreiteten. Die Griechen waren es, die dem Kontinent den Namen der von ihrem Gott den Phöniziern geraubten Prinzessin gaben. Seitdem reicht für die Geographen der Antike Europa von Gibraltar bis zum Schwarzen Meer. Asien-Kleinasien und Europa sind ihrer Entstehung nach zwei Begriffe der Mittelmeerwelt, in der die Wiege der europäischen "Kultur" steht, so wie wir sie heute verstehen. Von dort ist dieser Begriff gewandert und hat sich mit der Ausdehnung der von der Antike und dem Christentum mitgeprägten Kultur gleichsam die ganze Halbinsel am äußersten Rande des asiatischen Kontinents erobert, die heute den Namen Europa trägt.

In der Römerzeit war die Idee eines gemeinsamen Europa, die bei den Griechen anklingt, verdrängt vom Römischen Reich, das Orient und Okzident als zwei geographisch und verwaltungsmäßig abgegrenzte Gebiete des nämlichen Staates umschloß. In einer Inschrift, die auf einer Insel in Ägypten gefunden wurde, wird Augustus "Herrscher von Europa und Asien" genannt.

Die Begriffe "Orient" und "Okzident" haben im Laufe der Zeiten aber noch mehr geschwankt als das Wort "Europa". Sie bezeichneten nicht nur Verwaltungshälften des Römerreiches seit der Reichsteilung, sondern seit der Trennung von Rom und Byzanz auch kirchliche Hälften.

Aus: Karl Bosl, "Europa im Mittelalter"

1985/2 Der Lehrer Johann Peter Wegemann galt in unserer Stadt als wunderlich, denn auf seine alten Tage saß er nicht am Weintisch, wie es üblich war, sondern lehnte, sobald es wärmer wurde, am Bord einer Straßentheke, ein Bier in der Hand, und lächelte den Leuten zu.

In seiner Jugend war er eine Berühmtheit gewesen, zumindest bei uns, und die Zeitungen hatten eine Menge über ihn geschrieben, denn er war ein Mensch mit philosophischen Neigungen, denen er nach Feierabend, so war zu lesen, nachging, und das konnte niemandem schaden.

Vielleicht wäre er ein anderer geworden, wenn er gefunden hätte, wonach er gesucht hatte, ein Leben lang und mit schmalem Gehalt. Vielleicht hatte es aber auch so kommen müssen. Die Meinungen bei uns sind geteilt. Johann Peter Wegemann suchte den Stein des Weisen.

Niemand von uns hatte ihn je gesehen, aber wir wußten von anderen Städten, daß sie ihn dort suchten, und so waren wir stolz, daß es auch in unserer Stadt einer tat. Die Aufgabe war schwierig, das war uns klar, die Steine der Weisen liegen nicht herum wie Schotter, und so begegneten wir dem Lehrer mit großer Achtung, wenn er auf einem seiner Rundgänge war.

Er ging dann, den Rücken gebeugt, mit dem Blick auf den Boden, durch unsere Straßen und Umgegenden, und es durchfuhr uns jedesmal, wenn uns berichtet wurde, man habe ihn sich bücken sehen. Es waren Fehlanzeigen, und mit den Jahren voller solcher Zuckungen, denen keine Fundanzeige folgte, verlor sich unser Interesse an den Gängen des Lehrers.

Aus: Peter Maiwald, Die Entdeckung


UNVORBEREITETES LESEN (entfällt ab Nov. 1986)

1983/1 Gewachsene Städte - geplante Städte?

Wer über die Alpen fährt und die alten Städte Italiens besucht, wird von ihrer Schönheit begeistert sein. Er wird sie mit dem vergleichen, was in unserer Zeit an Wiederaufbau zerstörter Städte oder an Stadterweiterungen entstanden ist, und sein Urteil wird wahrscheinlich nicht sehr schmeichelhaft für die Leistungen unserer Zeit lauten.

Er wird sicher so einsichtig sein, daß ein Vergleich mit jenen Stadtgestalten des 12. bis 14. Jahrhunderts nicht ohne weiteres möglich ist, weil die politischen, gesellschaftlichen und wirtschaftlichen Verhältnisse völlig andere und nicht vergleichbar sind. Trotz aller Zweifel der Vergleichbarkeit bleibt die Frage offen, wie in jenen italienischen Städten etwas erreicht werden konnte, was wir heute vermissen: Mannigfaltigkeit der Teile, Einheitlichkeit des Ganzen. Möglicherweise bleibt dann der Schluß übrig, daß diese qualitativen Unterschiede auf die Art der Planung zurückzuführen sind: die mittelalterlichen Städte sind organisch entstanden, gewachsen, nicht geplant; unsere heutigen Städte sind geplant.

Ist diese Ansicht richtig? Nichts ist falscher als dies, denn seit dem Ende des 12. Jahrhunderts gab es eine hochentwickelte Baugesetzgebung, die sich bis in alle Einzelheiten des öffentlichen und privaten Bauens erstreckte. Die Stadt innerhalb ihres Mauerringes galt als ein Gestaltwerk, an dessen Vollendung man zielstrebig arbeitete.

Nach: Bauen + Wohnen 2/3, 1976

1983/2 Wenn ich nach meinem Beruf gefragt werde, befällt mich Verlegenheit: ich werde rot, stammele, ich, der ich sonst als ein sicherer Mensch bekannt bin. Ich beneide die Leute, die sagen können: ich bin Maurer. Friseuren, Buchhaltern und Schriftstellern neide ich die Einfachheit ihrer Bekenntnisse, denn alle diese Berufe erklären sich aus sich selbst und erfordern keine längeren Erklärungen, ich aber bin gezwungen, auf solche Fragen zu antworten: Ich bin Lacher. Ein solches Bekenntnis erfordert weitere, da ich auch die zweite Frage "Leben Sie davon"? wahrheitsgemäß mit "Ja" beantworten muß. Ich lebe tatsächlich von meinem Lachen, und ich lebe gut, denn mein Lachen ist - kommerziell ausgedrückt - gefragt. Ich bin ein guter, ich bin gelernter Lacher, kein anderer lacht so wie ich, keiner beherrscht so die Nuancen meiner Kunst.

Ich bin unentbehrlich geworden, ich lache auf Schallplatten, lache auf Band, und die Hörspielregisseure behandeln mich rücksichtsvoll. Ich lache schwermütig, gemäßigt, hysterisch - lache wie ein Straßenbahnschaffner oder wie ein Lehrling der Lebensmittelbranche; das Lachen am Morgen, das Lachen am Abend, nächtliches Lachen und das Lachen der Dämmerstunde, kurzum: wo immer und wie immer gelacht werden muß: ich mache es schon.

Aus: Heinrich Böll, Der Lacher

1984/1 Unsere Untersuchung über das Glück hat uns bisher nicht viel gelehrt, was nicht allgemein bekannt ist. Auch wenn wir sie mit der Frage fortsetzen, warum es für die Menschen so schwer ist, glücklich zu werden, scheint die Aussicht, Neues zu erfahren, nicht viel größer. Wir haben die Antwort bereits gegeben, indem wir auf die drei Quellen hinwiesen, aus denen unser Leiden kommt: die Übermacht der Natur, die Hinfälligkeit unseres eigenen Körpers und die Unzulänglichkeit der Einrichtungen, welche die Beziehungen der Menschen zueinander in Familie, Staat und Gesellschaft regeln. In betreff der beiden ersten kann unser Urteil nicht lange schwanken; es zwingt uns zur Anerkennung dieser Leidensquellen und zur Ergebung ins Unvermeidliche. Wir werden die Natur nie vollkommen beherrschen, unser Organismus, selbst ein Stück dieser Natur, wird immer ein vergängliches, in Anpassung und Leistung beschränktes Gebilde bleiben. Von dieser Erkenntnis geht keine lähmende Wirkung aus; im Gegenteil, sie weist unserer Tätigkeit die Richtung. Können wir nicht alles Leiden aufheben, so doch manches tun und anderes lindern: mehrtausendjährige Erfahrung hat uns davon überzeugt. Anders verhalten wir uns zur dritten, zur sozialen Leidensquelle. Diese wollen wir überhaupt nicht gelten lassen, können nicht einsehen, warum die von uns selbst geschaffenen Einrichtungen nicht viel mehr Schutz und Wohltat für uns alle sein sollten.

Aus: Sigmund Freud, Das Unbehagen in der Kultur

1984/2 Freiheit. Der Geruch nach Farn und warmem Heidekraut, der ihn umgab, ist zuerst da. Dann der menschenleere Vorortbahnhof. Dann steigt er ein, zwängt sich, die untergehende Sonne im Rücken, ins feierabendlich überfüllte S-Bahnabteil: Rostfarbene Stoppelwangen; Bussardfeder hinterm schweißfleckigen Hutband; kühles Nagelkopfblau die Pupillen; schlägt am Handballen die Spucke aus der Mundharmonika und sagt laut und vernehmlich, daß er ein Abendbrot brauche; man solle ihm das Geld in die Jackett-Tasche stecken; in die linke möglichst, in der rechten sei das Futter zerrissen. Er spielte: "In einer kleinen Konditorei", "Ich küsse Ihre Hand, Madame", und "Ich hab kein Auto, ich hab kein Rittergut", wobei er in seiner Aura aus Sonnenglast und Kieferngold der Länge nach durch das Abteil schritt, überraschend begünstigt durch den plötzlichen Freiraum um sich herum; so eng die Leute standen, niemand wünschte ihn zu berühren. Er schien Übung zu haben; sein Repertoire paßte genau zwischen zwei S-Bahnhöfe. Bevor er ausstieg, um ins nächste Abteil überzuwechseln, sagte er laut und vernehmlich: "Sie haben mir kein Almosen gegeben, Herrschaften. Sie haben mich für eine Leistung bezahlt." Zeigefinger an die Hutkrempe, und raus. Die Erleichterung der Fahrgäste war groß. Sie hatten ihn nicht verdient.

Aus: Wolfdietrich Schnurre, Die Tür in der Mauer, in: Der Schattenfotograf

1985/1 Wenn man von Frieden redet, was ist gemeint? Gemeint ist meistens nur die Ruhe, die durch Vernichtung eines Gegners erreicht wird. Ein amerikanischer Friede oder ein russischer Friede. Ich bin weder für diesen noch für jenen, sondern für den Frieden: den Nicht-Krieg. Wollen wir uns mit den Wörtern, die wir in den Mund nehmen, nichts vormachen, kann man mit vollem Ernst daran zweifeln, ob Friede überhaupt ein anständiges Wort ist, ein Wort, das etwas Mögliches bezeichnet, und das Unmögliche, das Bisher-Unverwirklichte, wieso soll es gerade unserem Geschlecht gelingen, das sich jedenfalls nicht durch sittlichen Schwung auszeichnet? Das einzig Besondere, was diesem unserem Geschlecht eignet, was es von allen vorherigen unterscheidet, ist seine grundsätzliche Lage: die technische Möglichkeit, eine gesamthafte Vernichtung durchzuführen, hat keine frühere Zeit besessen; der Krieg ist stets ein unvollkommenes Morden gewesen, örtlich beschränkt, sogar bei den sogenannten großen Glaubenskämpfen erlahmte er regelmäßig, bevor Gott die vollkommene Vernichtung der ketzerischen Partei gelungen war. Es fehlte nicht am Wahnsinn, das zu wollen, nur an den technischen Mitteln. Nun sind diese Mittel aber da, die nichts mehr zu wünschen übrig lassen. Die Frage: ein Friede im wirklichen Sinn, also ein Friede mit dem Gegner, ist das überhaupt möglich? wird mehr und mehr zur Frage, ob das menschliche Leben schlechthin möglich ist.

Aus: Max Frisch, Stichworte

1985/2 Mundart zu sprechen ist bequemer. Fühle ich mich dabei wohler? Nach einem Gespräch in der Schriftsprache erinnere ich mich genauer, wie ich formuliert habe; im allgemeinen sprechen wir die Mundart unbewußter, fühlen uns sicherer und unverkrampft. Sind wir das? Schweizerdeutsch ist (was man Ausländern immer wieder erklären darf) kein Slang, kein Kauderwelsch, sondern eine intakte Sprache, wenn auch ungeschrieben, unsere Muttersprache in allen gesellschaftlichen Schichten. Ihre Syntax ist bescheiden, eine Mundsprache eben; es kommt kaum zu komplexen Sätzen. Sie eignet sich vor allem zum Erzählen. Wieviel haben wir uns zu erzählen? Im Grunde sind wir uns alle ziemlich verleidet, wenn wir unter uns sind, familiär durch Mundart von vornherein. Es wird fast immer Stammtisch, Kumpanei durch Mundart; ob Widerspruch oder Einverständnis, jedenfalls kommunizieren wir durch Hemdärmligkeit, womit keiner ganz identisch ist - wir haben uns nur daran gewöhnt wie an eine Rolle ... Auch Landsleute, die beruflich auf Schriftsprache angewiesen sind und ihr Wissen aus der Schrift beziehen, sie sind geniert, wenn sie sich der Schriftsprache bedienen sollen in Gegenwart eines Landsmannes, und verfallen sofort wieder in unsere Mundart, obschon Höflichkeit gegenüber Fremden es eigentlich verbietet; wir kennen uns eben mundartlich. Hören wir einander in der Schriftsprache, so stimmt etwas nicht; jeder tut, als wäre er in der Mundart er selbst, nur in der Mundart, obschon sich seine Gedanken in der Schriftsprache genauer ausdrücken lassen. Die Mundart hingegen betont, wie echt man ist. Wieso ist das nötig? Ich setze mich in einen französischen Speisewagen; der Herr gegenüber fällt in keiner Weise auf, bis er mich als Landsmann erkannt hat, also Mundart spricht und echt wird: anders als zuvor, bodenständig, sofort stimmt unser Ton für beide nicht ...
Aus: Max Frisch, Unterwegs

DIKTAT

1983/1 Im Augenblick großer Gefahr erinnert sich der Mensch der helfenden Mächte,
sie zu überwinden. Diese muß sich nicht in Kriegen und Naturkatastrophen
manifestieren, sondern sie kann auch der Absolutsetzung einer Idee, einer
Denkweise entspringen, die gegenüber allen anderen menschlichen Möglichkeiten der Erkenntnis, der Welt- und Geschichtsauslegung zur einzig gültigen
erhoben wird. Was das Verhältnis des Menschen zur Natur betrifft, so ist
durch die ungeheure Machtentfaltung der wissenschaftlich-technischen Denkweise im Laufe der neuzeitlichen Geschichte die Tendenz immer stärker geworden, nur das als das Wirkliche anzuerkennen, was meßbar ist. Die Erfolge
dieser Unterwerfungsstrategie der Natur schienen der globalen Herrschafts-
ausweitung des Menschen recht zu geben. Christliche Theologie legitimierte
dieses sehr fragwürdige Naturverständnis allzulange durch eine Fehlinter-
pretation des biblischen Auftrags: "Macht euch die Erde untertan!" Doch
auch von philosophischer Seite setzte die Kritik am maßgebenden, neuzeitlichen Naturbegriff erst relativ spät ein. Das metaphysische Denken blieb
in seinem Grundansatz in der unheilvollen Entgegensetzung von "Materie" und
"Geist" befangen.

Inzwischen hat sich das Blatt gewendet. Dem Macht- und Herrschaftsanspruch
der wissenschaftlich-technischen Zivilisation steht ein katastrophaler
Sinnverlust im Verhältnis des Menschen zur Natur gegenüber. Diese geschicht-
liche Situation ist aber, so negativ die Auswirkungen dieser Leere heutzutage auf allen Lebensgebieten auch sein mögen, doch ein unübersehbares Zeichen dafür, daß der Mensch nicht das Maß aller Dinge ist! Der Mensch ist als
ein immer schon in die Natur eingefügtes Wesen schlechthin nicht in der
Lage zu bestimmen, was die nicht von ihm hervorgebrachte Natur in ihrem
Wesen ist. Der Mensch scheitert in der Absicht, sie wissenschaftlich end-
gültig zu begreifen, an ihrer unauslotbaren Vorgegebenheit.

Aus: Walter Strolz, Goethe als Dichter des Schöpfungsvertrauens, in:
Frankfurter Hefte 2/1982

1983/2 Die Wohnungsnachbarn haben die Änderung nicht bemerkt. Noch heute wird sie
mit dem Namen ihres Mannes gegrüßt. Sein Auszug ist ihr gegenüber nie erwähnt worden, dabei war er mit dem Möbelwagen angefahren gekommen, also
sicher nicht ungesehen.

Am Abend vor seinem Umzug hatte er angerufen, und sie hatte, was ihm gehörte, in Schachteln und Koffer gepackt und die Möbel, die er für sich haben
wollte, ausgeräumt und saubergefegt. Als er sich dann die Sachen holte, war
sie im Büro gewesen, und natürlich hatten ihr bei der Heimkehr die Lücken
in der Wohnung zu schaffen gemacht. Damit sie nicht so fühlbar waren, hatte
sie noch am gleichen Abend die ganze verbliebene Einrichtung umgestellt.
Im Schlafzimmer, wo ein weißes Rechteck von einem abgehängten Bild die Ver-
schmutzung der übrigen Wand unübersehbar machte, hatte sie die Tapete mit
Seifenlauge abgebürstet, und auch eine Wand im Wohnzimmer, auf der die
Bretteranordnung seines Büchergestells als schmutziges Muster erhalten geblieben war, hatte sie einer gründlichen Reinigung unterzogen. Erst lange
nach Mitternacht war sie ins neu plazierte Bett gefallen und hatte, wenn
auch nur kurz, ganz unerwartet gut geschlafen.

Aus: Margit Baur, Ausfallzeit

1984/1  Nach dem ersten Weltkrieg glich Berlin einer grauen, steinernen Leiche. Die Häuser hatten Risse. Stuck und Farbe waren abgebröckelt, und in den toten, ungeputzten Augen der Fensterhöhlen sah man, wo man nach denen ausgeschaut hatte, die nie wiederkehren, die Spuren geronnener Tränen.

Es waren wilde Jahre. Ich nahm am Leben teil, stürzte mich hinein und kam sofort mit Kräften in Berührung, die aus dem absoluten Nichts herauswollten. Viele meiner Freunde fanden wie ich keine Lösung im nur Negativen, im Grimm des Betrogenwordenseins und in der Verneinung aller bisherigen Werte.

Bald war ich Hals über Kopf im politischen Fahrwasser. Ich hielt Reden, nicht aus irgendeiner Überzeugung, sondern weil überall zu jeder Tageszeit Streitende herumstanden und ich aus meinen bisherigen Erfahrungen noch nichts gelernt hatte. Meine Reden war ein dummes, nachgeplappertes Aufklärungsgeschwätz, aber wenn es einem wie Honigseim vom Maule troff, konnte man so tun, als sei man ergriffen. Und oft ergriff einen der eigene Quatsch ja wirklich, rein durch das Geräusch, das Gezische, Gezwitschere und Gebrülle, das da aus einem herausfuhr.

Die Bewegung, in die ich geraten, beeinflußte mich so stark, daß ich alle Kunst, die sich nicht dem politischen Kampf als Waffe zur Verfügung stellte, für sinnlos hielt. Meine Kunst jedenfalls sollte Gewehr sein und Säbel; die Zeichenfedern erklärte ich für leere Strohhalme, solange sie nicht am Kampf für die Freiheit teilnähmen.

Aus: George Grosz, "Ein kleines Ja und ein großes Nein"

1984/2  Je freier eine Gesellschaft in ihren Verkehrsformen ist, je mehr sie Platz läßt für die Selbstverwirklichung des einzelnen, je mehr sich die administrative und exekutive Gewalt zurückhält, desto verantwortlicher wird der einzelne für das Resultat einer solch freien Gesellschaft. Wo die Summe der Individualitäten hoch entwickelt ist, wo die Freiräume mit belangvollem Leben ausgefüllt werden können, braucht niemand besorgt zu sein. Aber wo die Summe der Individualitäten kümmerlich ausfällt, wird ein um so mehr an Freiheit dieses Kümmerliche multiplizieren, und eine freie Gesellschaft, die nur von unfreien, unentwickelten Individuen in Anspruch genommen werden kann, wird zum Abstraktum und somit zum Grab, das auch den Rest, besser die Möglichkeit zur belangvollen Lebensäußerung, wegschluckt. Hier winkt die Freiheit nur noch als Gespenst, und der einzelne erscheint vor ihrem Anblick unmündig wie ein Kind, das eine Scheune in Brand setzt, weil es die Freiheit dazu hat, aber nicht weiß, wozu ein Ballen Stroh und eine Schachtel Streichhölzer dienlich sind.

Es versteht sich von selbst, daß gesellschaftliche Freiheit nur unter den Bedingungen materiellen Wohlstands möglich ist. Aber wehe der reichen Gesellschaft, die es verlernt hat, Tempel zu bauen.

Aus: Hartmut Lange, Deutsche Empfindungen. Tagebuch eines Melancholikers

1985/1  Mit der Erleichterung eines verirrten Märchenkindes, das mitten im Wald eine menschliche Behausung sieht, öffnete ich die Tür und trat ein in einen verödeten Warteraum, in dem es nach Staub und kalter Asche roch. Die Schalter waren geschlossen, doch vor der Sperre stand eine Schaffnerin in einem blauen Militärmantel mit Metallknöpfen. Sie gab mir keine Fahrkarte. "Bezahlen können Sie später", sagte sie und zeigte ihr abgenutztes Lächeln. Sie hob die Lider nicht von den Augen auf, das stumpf gekräuselte Haar trug sie ohne Scheitel wie eine graue Kappe über den Kopf gestülpt. Der Stationsvorsteher, den ich aus seinem Stehschlummer auf dem Bahnsteig mit den Schutzdächern aus Wellblech aufstörte, hatte ein glattes, rotbackiges, etwas gedunsenes Gesicht unter der Dienstmütze mit der Kokarde. Schon näherte sich der Zug mit seinen altmodischen Holzwagen - eine Spielzeugbahn, die lange Zeit unbeachtet in einer Schublade gelegen hat, bevor man sie wiederfand und

auf die noch immer passenden Schienenstränge setzte. Dort, wo ich stand,
hielt der letzte Wagen an. Ich stieg ein, und noch ehe ich mich auf eine
der Holzbänke gesetzt hatte, schnappte die Tür wie eine Falle hinter mir zu.
Die Bahn fuhr an mit einem Ruck, der mich auf den nächsten Sitz niederwarf.
An den Wänden des Wagens klebten Plakate, die allerlei billige Waren an-
priesen und auf Veranstaltungen hinwiesen, jedoch war weder der Ort noch
die Stunde angegeben, zu der die Zirkusvorstellungen, Konzerte und Tanz-
vergnügen stattfinden sollten.

Aus: Geno Hartlaub, Geisterbahn, in: Schnittpunkte


1985/2 Das Herz ist herzförmig, wird gern mit einer Uhr verglichen und spielt im
Leben, besonders im Gefühlsleben, eine große Rolle. Da ist es gleichsam
das Ding für alles, der Auffänger aller Erschütterungen, die Sammellinse
aller Strahlen, das Echo allen Lärms. Es ist der verschiedenartigsten Funktionen fähig. Es kann zum Beispiel erglühen wie ein Scheit Holz, an etwas
gehängt werden wie ein Überrock, zerrissen sein wie eben ein solcher, lau-
fen wie ein gehetzter Hase, stillstehen wie die Sonne zu Gideon, überfließen
wie die Milch im Kochtopf. Es steckt überhaupt voll Paradoxien.

Der Härtegrad des wunderlichen Gegenstands schwankt zwischen dem der Butter
und dem des Felsgesteins oder, nach der mineralogischen Skala, von Talk bis
Diamant. Man kann es verlieren und verschenken, tropfendicht verschließen
und restlos ausschütten, man kann es verraten und von ihm verraten werden,
man kann jemand in ihm tragen (der Jemand muß davon nicht einmal etwas
wissen), man kann es in alles mögliche hineinlegen, das ganze Herz in ein
Winzigstes, in ein Nichts an Zeit und Raum, in ein Lächeln, einen Blick,
ein Schweigen. "Herz" ist gewiß das Hauptwort, das der erwachsene zivili-
sierte Mensch, sei sein Vokabelschatz groß oder klein, am öftesten ge-
braucht. Und stünde dieses eine Wort unter Sperre: neun Zehntel aller Lyrik
wäre nicht.

Aus: Alfred Polgar, Traktat vom Herzen


Schriftliche Prüfung

THEMEN ZUM AUFSATZ

1983/1 Bitte behandeln Sie eines der sechs nachstehenden Themen:

1. Was und wie kann der einzelne in seinem Lebenskreis zum Frieden bei-
   tragen?

2. Was macht Ihrer Meinung nach viele Menschen so anfällig für Ideologien
   und welche Gefahren liegen darin?

3. Warum nennt man den "Mikrochip" die kleinste und gleichzeitig größte
   Revolution der Menschheit? Betrachten Sie diese technische Neuerung
   auch unter Abschätzung der Sicherheit für Arbeitsplätze!

4. Eine große deutsche Wochenzeitschrift hat vor einiger Zeit eine Serie
   mit dem Titel "Die Angst der Deutschen" veröffentlicht. Wie stellen Sie
   sich diese Angst vor?

5. In der Medizin sind heute zwei Richtungen zu erkennen, einerseits der
   zunehmende Drang zur Spezialisierung auf überschaubare Fachbereiche,
   andererseits die Hinwendung zur Ganzheitsmedizin, also zum Körper als
   Gesamtorganismus. Erörtern Sie die Vor- und Nachteile beider Richtungen!

6. Jedes Volk der Welt hat seine eigenen Märchen, die schon viele Generationen überlebt haben und doch lebendig bleiben. Erläutern Sie das Bedürfnis der Menschen nach Märchen an einem Märchen Ihrer Heimat!

1983/2 1. Wenn man heute von Idolen spricht, meint man meistens Schlagersänger, Showstars, Fußballspieler und kaum einmal einen Politiker. Wie sollten Ihrer Meinung nach die Leitbilder für junge Leute sein?

2. In Zeiten wirtschaftlicher und politischer Krisen haben sogenannte Wahrsager und Sterndeuter gute Berufsaussichten. Erörtern Sie, woher die Faszination vieler Menschen für Horoskope und andere Formen der Zukunftsdeutung kommt!

3. In jedem Land der Welt gibt es eine Sportart, die besonders populär ist und die Massen anzieht. Erläutern Sie das am Beispiel Ihres Heimatlandes und versuchen Sie, Gründe für die Faszination dieser Sportart zu finden!

4. Von vielen Seiten wird gefordert, wissenschaftliche Experimente in der Zellforschung zu verbieten, die eine Veränderung menschlicher Erbanlagen zum Ziel haben. Wohin könnte und wohin sollte die Gen-Technologie führen? Erörtern Sie die ungehemmte Forschung und uneingeschränkte Anwendung ihrer Ergebnisse!

5. Massenmedien beeinflussen mehr und mehr das Leben der Menschen. Versuchen Sie, diese Tatsache näher zu erläutern! Nehmen Sie Stellung zu dieser Entwicklung!

6. Welche Kunstform wird Ihrer Meinung nach am ehesten den Erfordernissen der Gegenwart gerecht? Wählen Sie Beispiele und berücksichtigen Sie auch die Kunsttradition Ihres Heimatlandes!

1984/1 1. Mit zunehmendem Einsatz der Computer-Technik zur Datenspeicherung stellt sich immer wieder die Frage nach einem zuverlässigen Datenschutz. Wie sollte hier Ihrer Meinung nach vorgegangen werden, und wie weit besteht trotzdem die Gefahr, daß Unbefugte Mißbrauch treiben?

2. 1984 ist wieder ein Jahr der Olympischen Spiele. Diskutieren Sie dieses weltweite Ereignis in kultureller, sportlicher und politischer Hinsicht und berücksichtigen Sie dabei auch die Frage nach dem Amateurstatus der Teilnehmer.

3. Patriotismus und Nationalbewußtsein - zwei umstrittene Begriffe. Skizzieren Sie an selbstgewählten Beispielen, welche Vor- und Nachteile Sie mit diesen beiden Begriffen verbinden.

4. Was sind die geistigen und moralischen Voraussetzungen für ein erfolgreiches Universitätsstudium?

5. Zu Beginn dieses Jahrhunderts noch war der Begriff "Armut" ein wertneutraler Begriff. Erörtern Sie, warum Armut und Elend in unserer heutigen Gesellschaft zu nicht-öffentlichen Themen geworden sind.

6. Die Menschheitsgeschichte weist unzählige Kriege auf. Welche Ursachen von Kriegen sind Ihnen bekannt (Beispiele!)? Sind Ihrer Meinung nach Kriege unvermeidbar, also sozusagen naturgegeben?

1984/2 1. Nennen Sie Gründe für das weltweit wachsende Umweltbewußtsein und geben Sie Beispiele dafür, wie die Regierung Ihres Landes dem Problem zunehmender Umweltbelastung begegnet. Skizzieren Sie die mögliche weitere Entwicklung auf dem Gebiet des Umweltschutzes.

2. Können Erziehung und Ausbildung angesichts der weltweiten Arbeitsmarktlage noch berufsbezogen orientiert sein?

3. Wird die Vielfalt der Kulturen durch die moderne Technik bedroht? Nennen Sie Beispiele für Konflikte zwischen Tradition und Modernität.

4. Die Worte "Einsamkeit" und "Alleinsein" wecken in unserer Zeit meistens nur negative Gefühle. Zeigen Sie anhand von Beispielen - auch aus Ihrem

eigenen Kulturkreis - welche positiven Auswirkungen "Einsamkeit" und "Alleinsein" auf die geistigen und seelischen Kräfte des Menschen haben können.

5. Was verstehen Sie unter dem Begriff "Kreativität"? Entwickeln Sie Vorstellungen dazu, wie sie entsteht und was man tun kann, um Kinder und Jugendliche zu kreativen Menschen zu erziehen.

6. Viele junge Menschen in den westeuropäischen Ländern schließen sich in Wohngemeinschaften und Kommunen zusammen. Erörtern Sie Ursachen und Tendenzen, Vor- und Nachteile dieser Lebensform. Gibt es auch in Ihrem Heimatland Wohngemeinschaften? Wenn nein, warum nicht?

1985/1  1. Was ist Ihrer Meinung nach "Freude" und welche Bedeutung hat sie für unser Leben? Nennen Sie die Quellen, aus denen die Menschheit seit ewigen Zeiten "Freude" schöpft und vergessen Sie auch die "großen und kleinen Freuden des Alltags" nicht!

2. Die Medizin ist heutzutage so weit fortgeschritten, daß - zumindest in den westlichen Industrieländern - Organverpflanzungen zu Routineoperationen in den Krankenhäusern geworden sind.

   a) Wie ist der Stand der Technik in Ihrem Land, und wie steht die Öffentlichkeit in religiöser und moralischer Hinsicht zu diesem Thema?

   b) Welche positiven und negativen Aspekte hat dieser "medizinische Fortschritt" Ihrer persönlichen Meinung nach?

3. Welche Bedeutung hat die Strafe in Ihrem Kulturkreis als Erziehungsmittel? Halten Sie die Strafe für ein notwendiges Mittel zur Disziplinierung und Besserung der Menschen, oder gibt es Ihrer Meinung nach auch andere Möglichkeiten, dieses Ziel zu erreichen.

4. Seit 1972 sterben in der Bundesrepublik Deutschland jährlich mehr Menschen als geboren werden. Erörtern Sie die Folgen, die diese Entwicklung in wenigen Jahren - zum Beispiel in wirtschaftlicher und sozialer Hinsicht - für die Bundesrepublik mit sich bringen könnte.

5. Inwieweit sind Kunstwerke zeitlos und inwieweit sind sie es nicht?

6. Beschreiben und beurteilen Sie die Rollenverteilung zwischen Mann und Frau in Ihrem Heimatland. Soll sie Ihrer Meinung nach geändert werden?

1985/2  1. "Gedenktage, die Wunden aufreißen", schrieb eine große deutsche Wochenzeitung im Hinblick auf die 40. Wiederkehr des 8. Mai 1945, dem Ende des zweiten Weltkriegs. - Welchen Sinn haben Ihrer Meinung nach solche Gedenktage, und glauben Sie, daß sie für Sieger und Besiegte wichtig sein können? Begründen Sie Ihre Meinung.

2. Im Jahre 1975 wurde von der UNO die Dekade der Frau ausgerufen. Mit der Weltfrauenkonferenz in Nairobi ging sie im Juli 1985 zu Ende.

   - Was haben diese zehn Jahre Ihrer Meinung nach für die Frauen in der Welt bewirkt?

   - Hat diese Dekade für die Frauen in Ihrem Heimatland etwas verändert (wenn "ja", was, wenn "nein", warum nicht)?

   - Welche wichtigen Aufgaben sind Ihrer Meinung nach noch zu lösen?

3. Was versteht man in den westlichen Industrieländern unter "Sterbehilfe"? Woran könnte es liegen, daß dieses Thema in den letzten Jahren so stark ins Zentrum der öffentlichen Diskussion gerückt ist? - Wie ist Ihre persönliche Meinung zu diesem Thema, und was versteht man in Ihrem Kulturkreis darunter?

4. 17 Millionen Jugendliche sind weltweit in der Organisation der Pfadfinder (Scouts) organisiert.
   - Was halten Sie von Jugendorganisationen dieser Art, und was sind Ihrer Meinung nach ihre Aufgaben?
   - Welche Gefahren können sich ergeben, wenn sich der Staat in diese Organisationen einschaltet?
5. Immer wieder kommt es wegen giftiger Zusätze und Chemikalien in Lebensmitteln zu Skandalen.
   - Was veranlaßt Ihrer Meinung nach Hersteller und Vertriebsorganisationen zu solchem Mißbrauch?
   - Welche staatlichen Kontrollorgane gibt es in Ihrem Heimatland, um den Verbraucher dagegen zu schützen, und wie könnte man deren Arbeit eventuell unterstützen?
   - Welche Konsequenzen ziehen Sie als Verbraucher aus diesen Skandalen?
6. Literarische Werke tragen den Stempel ihrer Epoche. Lohnt es sich dann heute noch, Klassiker zu lesen?

ERKLÄRUNG EINES TEXTES NACH INHALT, WORTSCHATZ UND STIL

1983/1 Nun kam mein Auftritt, den der Zirkusdirektor mit einer Flüstertüte ankündigte: "Und nun, meine Damen und Herren, stelle ich Ihnen den ersten Zauberkünstler der Welt vor, der ohne Rückendeckung und spanische Wand, ohne doppelten Boden und Spiegelglas arbeitet, der einzige Magier, der Ihnen etwas

5 vormacht, ohne Ihnen etwas vorzumachen - Marco Cambiani!"

Mit pochendem Herzen betrat ich die kleine Arena. "Meine sehr verehrten Damen und Herren", begann ich nervös, "eigentlich bin ich gar kein Zauberer!" Großes Gelächter. "Trotzdem möchte ich Ihnen ein Kunststück vorführen, das Sie bestimmt schon gesehen haben - das Spiel mit den Bällen!" Ich griff

10 eine rote Kugel aus der Luft, die ich - simsalabim! - in eine zweite Kugel verwandelte; (...) dann zog ich eine dritte Kugel aus meinem Ohr, steckte sie mir in den Mund, kaute, schluckte und ließ sie - simsalabim! - zwischen meinen Arschbacken wieder erscheinen: "Eine schnelle Verdauung!" Das Publikum lachte. Ich bekam meinen ersten Applaus.

15 Jetzt kam die erste Klippe: Das Erscheinen der vierten Kugel zwischen kleinem und Ringfinger. "Und nun, meine Damen und Herren - simsalabim!" ...
Platsch! Die vierte Kugel war mir durch die schweißnassen Finger gerutscht und samt Halbschale zu Boden gefallen. Ich starrte auf die rote Halbschale (...) - und wollte vor Scham in den Boden sinken. "Ich habe es Ihnen ja

20 gleich ... ja gleich gesagt," stotterte ich, "daß ich eigentlich gar nicht zaubern kann!" Das Publikum lachte, aber ich spürte genau: Es war ein aufmunterndes, kein schadenfrohes, kein hämisches Lachen!

Ich faßte wieder Mut, hob die Halbschale mit der Kugel auf und steckte sie zwischen meine Finger zurück. Jetzt ließ ich in meiner rechten Hand der

25 Reihe nach noch einmal vier Bälle erscheinen und warf alle acht in meinen
Zylinder. Dann vollführte ich mit beiden Händen eine weit ausladende Bewegung und hielt mit einem Schlag acht weiße Bälle zwischen allen zehn Fin-
gern! Das Publikum war begeistert. Aber die eigentliche Feuerprobe meiner
Kunst stand noch bevor: Das Jonglieren! Ich zählte die insgesamt sechzehn
30 Bälle vor den Augen der Zuschauer noch einmal ab.

"Meine Damen und Herren", sagte ich, während ich bereits mit vier Bällen
jonglierte, "der größte Feind jedes Zauberers, der seinen magischen Kräften
schier unüberwindliche Grenzen setzt, ist die Schwerkraft!" Jetzt jonglierte
ich bereits mit acht Bällen. Das Publikum applaudierte. "All unsere hoch-
35 fliegenden Träume macht sie zunichte, indem sie uns immer wieder auf den
Boden der Tatsachen zurückholt." Plumps! Zwei Bälle waren mir heruntergefallen. Es sah fast so aus, als wollte ich die berühmte Ballnummer meines
Bruders parodieren. Das Publikum, im Zweifel darüber, ob es sich um ein
wirkliches oder nur um ein vorgetäuschtes Mißgeschick handle, lachte. Aber:
40 es lachte mich nicht aus! Ich hob die beiden Bälle auf und begann noch einmal von vorn. "Und dennoch gibt es Künstler, die es in der Überwindung der
Schwerkraft schon weit gebracht haben. Natürlich rede ich nicht von mir!"
Plumps! Diesmal waren gleich vier Bälle heruntergefallen. Ich war den Tränen
nahe. Aber kaum zu glauben! Das Publikum klatschte, klatschte mir Beifall.
45 Wollte es mich durch seinen Beifall ermutigen oder glaubte es tatsächlich,
daß auch das Scheitern Bestandteil des Kunststücks, ja dessen eigentlicher
Clou sei? Wie dem auch war, schien mir sicher: Diese Leute hier versagten
mir nicht ihre Sympathie, wenn ich vor ihnen versagte. Sie ließen mich nicht
fallen, wenn ich einen Ball fallen ließ!

50 Ich jonglierte jetzt wieder mit acht Bällen. Das Publikum applaudierte.
"Aber das ist noch gar nichts!" sagte ich und meine Stimme klang fest wie
noch nie, "Mein Vater kann sogar mit zwölf Bällen jonglieren!" Und ich warf
vier weitere Bälle in die Luft - und ich hielt sie tatsächlich! Der Applaus
verdoppelte sich. "Aber das ist noch gar nichts! Ich habe nämlich einen
55 Bruder, der kann sogar mit sechzehn Bällen jonglieren!" Und ich schleuderte
scheinbar abermals vier Bälle in die Luft, wobei ich drei blitzschnell in
den Halbschalen verschwinden ließ - und ich wußte in diesem Augenblick, daß
ich die dreizehn Bälle, die dem Publikum wie sechzehn  Bälle erschienen, in
der Schwebe halten würde - und ich hielt sie tatsächlich: dreizehn plus drei
60 eingebildete Bälle - die magische Zahl meines Bruders! "Der eine hat's und
der andere hat's eben auch!" rief ich verzückt, von einem unsagbaren Glücks-
gefühl erfüllt, in die Arena. Es war, als wenn die Bälle schon vor der Berührung meiner Fingerkuppen von selber umkehrten wie auf der Grenzlinie

eines elektrischen Feldes, wo sich die Kräfte der Anziehung in solche der
65 Abstoßung verkehren. Selbst die Bälle, die meinen Händen scheinbar ent-
glitten, fing ich kurz vor dem Aufprall mit den Fußspitzen auf und kickte
sie zurück in die Luft. Mit beiden Händen und Füßen, mit Stirn, Nase und
Kinn jonglierend schien ich selbst der lebendige Springquell einer schier
unendlichen Zahl von Bällen zu sein, die vermöge einer wunderbaren Kraft
70 von unten nach oben fielen. In diesem Augenblick begriff ich, daß jene magische Kraft, die mich gleichsam die Schwerkraft besiegen ließ, ein Geschenk meines Publikums, ein Geschenk dieser Leute war, die mir alle Ängste
genommen hatten und mich auf der Sprungfeder ihres Vertrauens gleich einem
Federball in die Höhe schnellen ließen. Jetzt rasten sie, trampelten mit
75 den Füßen, stießen Bravorufe aus, und ich mußte nach meinem Abgang noch
mehrmals aus dem kleinen Vorzelt heraus in die Arena treten, um den nicht
endenden Beifall entgegenzunehmen.

Aus: Michael Schneider: Das Spiegelkabinett

Bitte lesen Sie den vorstehenden Text sorgfältig durch!

I. Fragen zum Textinhalt und Erklärung einzelner Textstellen

1. a) Wie charakterisiert der Zirkusdirektor den Zauberer für das Pub-
      likum?
   b) Erklären Sie das Wortspiel: "..., der Ihnen etwas vormacht, ohne
      Ihnen etwas vorzumachen." (Z. 4/5)

2. a) Mit welchem Gefühl tritt der Zauberer vor das Publikum?
   b) Wie charakterisiert er seine Fähigkeiten?

3. a) Was bedeutet: "Jetzt kam die erste Klippe." (Z. 15)
   b) Welche Bedeutung von "Klippe" kennen Sie noch?
   c) Was scheint das Mißgeschick mit der vierten Kugel dem Publikum zu
      bestätigen?
   d) Wie unterscheidet sich die Reaktion des Zauberers auf dieses Miß-
      geschick von der des Publikums?

4. Was bedeutet die Wendung: "die eigentliche Feuerprobe meiner Kunst"?
   (Z. 28)

5. Inwiefern kann der Zauberer die Schwerkraft als seinen "größten
   Feind" bezeichnen? (Z. 32)

6. Noch zweimal passiert dem Zauberer ein Mißgeschick. Inwieweit illu-
   strieren diese Mißgeschicke das vom Zauberer vorher Gesagte?
   (Z. 34-36 und 41/42)

7. a) Zu welchen Überlegungen hinsichtlich des Künstlers und seiner
      Kunst regt der unerwartete Applaus des Publikums den Zauberer an?

b) Erklären Sie das Wortspiel: "Diese Leute hier versagten mir nicht ihre Sympathie, wenn ich vor ihnen versagte." (Z. 47/48)

8. Der Zauberer erhöht zweimal die Zahl der Bälle.

   a) Mit wessen Geschicklichkeit vergleicht er dabei jeweils seine eigene?

   b) Wer ist "der eine" und wer ist "der andere" in dem Ausruf: "Der eine hat's und der andere hat's eben auch." (Z. 60/61)

9. Mit welcher Erscheinung aus den Naturwissenschaften vergleicht der Zauberer die Bewegung der Bälle beim Jonglieren?

10. Mit welchem paradoxen Bild wird die scheinbare Überwindung der Schwerkraft illustriert?

11. Welche Rolle schreibt der Zauberer dem Publikum hinsichtlich seiner Jonglierkunst zu?

12. Der Autor dieses Textes, Michael Schneider, hat einen Bruder, der ebenfalls Schriftsteller ist. Welche Informationen über das Verhältnis dieser beiden Brüder können Sie aus dem Text entnehmen?

II. Erklären Sie folgende Wörter nach ihrer Verwendung im Text!

   1. Flüstertüte (Z. 1)

   2. Kunststück (Z. 8)

   3. aufmunternd (Z. 21/22)

   4. mit einem Schlag (Z. 27)

   5. stand noch bevor (Z. 29)

   6. macht sie zunichte (Z. 35)

   7. Scheitern (Z. 46)

   8. eingebildet (Z. 60)

   9. verzückt (Z. 61)

   10. unsagbar (Z. 61)

## 1983/2 Poesie verbindet alle

Ich halte die Einteilung der Literatur in eine für Erwachsene und eine andere für Kinder für ein bedenkliches Symptom. Die Selbstverständlichkeit und Fraglosigkeit, mit der diese Einteilung seit langem hingenommen wird, macht die Sache nicht unbedenklicher.

5  Tatsächlich gibt es kein Thema aus dem Umkreis menschlicher Erfahrung, das für Kinder grundsätzlich uninteressant oder unverständlich wäre. Es kommt nur darauf an, w i e  man darüber spricht, aus dem Herzen - oder nur aus dem Kopf. Ich denke dabei beispielsweise an die Artussagen oder an die biblischen Geschichten, die ja ebensowenig als Kinderliteratur gedacht waren

10 wie etwa Gullivers Reisen, der Don Quixote oder auch die sogenannten Volksmärchen.

Allerdings frage ich mich allen Ernstes, ob eine Geschichte wie die Odyssee

- einmal angenommen, sie würde heute geschrieben - überhaupt anders im
Druck erscheinen könnte als unter der entschuldigenden Bezeichnung "Kinder-
15 buch". Es wimmelt doch darin von Riesen, Zauberfeen, Windkönigen und anderen
Fabelwesen. Der heutige sogenannte Erwachsene, dem man mit einem geradezu
lächerlich armseligen Realitätsbegriff das Hirn vernagelt hat, betrachtet
derartige Gestalten und Vorgänge als "unrealistisch", als "phantastisch",
sogar als "eskapistisch", oder wie sonst die abwertend gemeinten Vokabeln
20 alle heißen mögen. Aber all dem, was er für sich selbst als unbrauchbar betrachtet, räumt er in der Kinderliteratur mit gönnerhaftem Lächeln eine gewisse Daseinsberechtigung ein.

Die Kriterien des guten Kinderbuchs sind weder pädagogische, noch soziale
oder politische, sondern genau dieselben wie in jeder anderen belletristi-
25 schen Literatur, nämlich künstlerische. Mag sein, daß man findet, nicht
alles, was künstlerisch gut ist, sei Kindern zumutbar. Ich wäre da, offengestanden, nicht ängstlich. Was künstlerisch wirklich gut ist, kommt auch
immer aus einer Ganzheit des Menschen, aus Kopf, Herz und Sinnen, und es
spricht auch gleichermaßen zur Ganzheit. Und deshalb ist es in einem viel
30 tieferen Sinne pädagogisch richtig und sogar gesellschaftlich relevant, als
manche, die da geistig von der Hand in den Mund leben, einzusehen vermögen.
Die Frage ist natürlich, ob alles, was von unserem heutigen Kulturbetrieb
für Kunst erklärt wird, das auch tatsächlich ist. (...)

Für wünschenswert, nein, für lebensentscheidend halte ich jedoch, daß wir
35 auf eine neue, uns gemäße Weise den Menschen in der Welt wieder heimisch
machen, daß wir wieder beginnen, die Welt mit Menschenmaß zu messen - ein
anderes haben wir nämlich nicht! -, daß wir den Intellektualismus, der unfähig ist, aus sich selbst Werte hervorzubringen, durch eine wirklichkeits-
vollere, das heißt erlebbare Art des Denkens in den Bereich des Menschlichen
40 zurückholen.

Und aus diesem Grunde glaube ich, daß die Poesie für uns eine elementare
Lebensnotwendigkeit ist, so elementar wie Essen und Trinken. Freilich, die
Poesie allein kann diese Änderung nicht bewirken, aber sie kann uns die
Richtung zeigen, in der diese Änderung erfolgen muß. Denn was ist Poesie
45 anderes als die schöpferische Fähigkeit des Menschen, sich in der Welt und
die Welt in sich zu erfahren und wiederzuerkennen? Alle Poesie ist ihrem
Wesen nach "anthropomorphistisch", oder sie hört auf, Poesie zu sein. Und
eben deshalb ist alle Poesie mit dem Kindlichen verwandt. Ich möchte sagen,
sie ist das Ewig-Kindliche im Menschen.

50 Was Kinder in Wahrheit brauchen, um sich die Welt anzueignen und einzuver-

leiben, das ist Poesie. Damit meine ich nicht allein Gedichte und Bücher oder Kunst überhaupt, sondern Lebensformen und erfahrbare, erlebbare Welterklärung. Vielleicht werden dann eines Tages auch die Erwachsenen wieder erwachsen genug sein, sich von der Poesie sagen zu lassen, was wahr ist und was nicht.

Michael Ende in SZ 27./28.12.1980

Bitte lesen Sie zuerst den vorstehenden Text und dann die folgenden Fragen sorgfältig durch, bevor Sie mit der Bearbeitung beginnen!

I. <u>Beantworten Sie die folgenden Fragen, wenn möglich nicht mit Zitaten aus dem Text:</u>

1. Der Autor hält die Einteilung der Literatur in Erwachsenen- und Kinderliteratur für bedenklich.

   a) Was macht diese Einteilung nicht weniger bedenklich?

   b) Welche grundsätzliche Überlegung leitet den Autor?

   c) Was erscheint ihm besonders wichtig?

   d) Inwiefern stützen die genannten literarischen Werke seine Überlegungen?

2. a) Die Odyssee - ein Kinderbuch? Stellen Sie die Meinung des Autors zu dieser Frage dar!

   b) Der Autor spricht von den <u>sogenannten</u> Erwachsenen (Z. 16). An welcher Stelle im Text findet dieses Wort eine Erläuterung? (Zeilenangabe genügt!)

   c) Wie  s t e h t  der Erwachsene zu solcher Literatur und wie  v e r h ä l t  er sich ihr gegenüber?

3. a) Welche Maßstäbe setzt der Autor für ein gutes Kinderbuch?

   b) Welche Einschränkung erwähnt er dabei?

   c) Was heißt für ihn "künstlerisch gut"?

   d) Wofür steht das Pronomen "es" in Zeile 29?

   e) Welche Haltung gegenüber dem Kulturbetrieb kommt in dem Satz zum Ausdruck: "Die Frage ist natürlich, ob alles, was von unserem heutigen Kulturbetrieb für Kunst erklärt wird, das auch tatsächlich ist" (Z. 32/33)?

4. a) Welche Faktoren hält der Autor für lebensentscheidend?

   b) Was kritisiert er am Intellektualismus?

5. Was hat die Poesie mit Essen und Trinken zu tun?

6. a) Was meint der Autor mit "diese Änderung" in Zeile 43? (Zeilenangabe genügt hier!)

   b) Welche Aufgabe weist er der Poesie bei dieser Änderung zu?

7. Der Autor macht sich Gedanken über Welt, Mensch und Poesie.

a) Welche Rolle spielt die Poesie zwischen Mensch und Welt?

b) Worin besteht für Sie der Unterschied zwischen "aneignen" und "einverleiben", und wo ist das Bild des Einverleibens schon einmal konkret im Text angesprochen?

8. a) Warum ist die Poesie für Kinder wichtig?

b) Was hat die Poesie nach Meinung des Autors mit dem Erwachsensein des Menschen zu tun?

9. Wie beurteilen Sie das Gewicht, das der Autor der Poesie gibt?

II. Erklären Sie die folgenden Textstellen:

1. Umkreis menschlicher Erfahrung (Z. 5)

2. dem man ... das Hirn vernagelt hat (Z. 16/17)

3. die abwertend gemeinten Vokabeln (Z. 19)

4. mit gönnerhaftem Lächeln (Z. 21)

5. von der Hand in den Mund leben (Z. 31)

6. auf eine uns gemäße Weise (Z. 35)

7. die Welt mit Menschenmaß messen (Z. 36)

III. Erklären Sie die folgenden Wörter nach ihrer Bedeutung im Text:

1. hingenommen (Z. 3)

2. allen Ernstes (Z. 12)

3. räumt ... ein (Z. 21/22)

4. Daseinsberechtigung (Z. 22)

5. offengestanden (Z. 26/27)

6. relevant (Z. 30)

7. erfolgen (Z. 44)

1984/1

I    Am Anfang des Werks von Karl Gröber, "Kinderspielzeug aus alter Zeit", steht die Bescheidung. Der Verfasser versagt sich, vom kindlichen Spielen zu handeln, um in ausdrücklicher Beschränkung auf sein gegenständliches Material sich ganz der Geschichte des Spielzeugs selber zu widmen.
5   Er hat sich, wie weniger die Sache als die außerordentliche Solidität seines Vorgehens es nahelegte, auf den europäischen Kulturkreis konzentriert. War somit Deutschland geographische Mitte, so ist es doch in diesem Bereich auch die geistige. Denn wir dürfen ein gut Teil der schönsten Spielsachen, die noch jetzt in Museen und Kinderstuben begegnen, ein deutsches Geschenk an Europa nennen. (...)

II   Solch Spielzeug ist nun allerdings anfänglich nicht Erfindung von Spielwarenfabrikanten gewesen, vielmehr erstmals aus den Werkstätten der Holzschnitzer, der Zinngießer usw. ans Licht getreten. Nicht vor dem

19. Jahrhundert wird die Spielzeugherstellung Sache eines eigenen Gewerbes.
15 Stil und Schönheit der älteren Typen sind überhaupt nur aus dem Umstand zu
erfassen, daß ehemals Spielzeug ein Nebenprodukt in den vielen zünftig* um-
schränkten Handwerksbetrieben war, von denen jeder nur fabrizieren durfte,
was in seinen Bereich fiel. Als dann im Laufe des 18. Jahrhunderts die An-
fänge einer spezialisierten Fabrikation aufkamen, stießen sie überall gegen
20 die Zunftschranken*. Die untersagten es dem Drechsler, seine Püppchen selbst
zu bemalen, zwangen bei der Verfertigung von Spielzeug aus unterschiedlichen
Stoffen verschiedene Gewerbe, die einfachste Arbeit unter sich aufzuteilen,
und verteuerten so die Ware.

Hiernach versteht es sich beinahe von selbst, daß auch der Vertrieb, zu-
25 mindest der Detailumsatz, von Spielzeug zunächst nicht Sache bestimmter
Händler war. Wie man beim Drechsler* holzgeschnitzte Tiere fand, so die
Zinnsoldaten beim Kesselschmied, die Tragantfiguren* beim Zuckerbäcker, die
wächsernen Puppen beim Lichtzieher*. (...)

III    Überblickt man die gesamte Geschichte des Spielzeugs, so scheint in ihr das
30 Format viel größere Bedeutung zu haben, als man es zunächst vermuten würde.
In der zweiten Hälfte des 19. Jahrhunderts nämlich, als der nachhaltige
Verfall dieser Dinge beginnt, bemerkt man, wie die Spielsachen größer werden, das Unscheinbare, Winzige, Verspielte ihnen langsam abhanden kommt.
Erhält das Kind jetzt erst abgesonderte Spielzimmer, jetzt erst einen
35 Schrank, in dem es z.B. die Bücher getrennt von denen der Eltern aufheben
kann? Kein Zweifel, die älteren Bändchen in ihren kleinen Formaten erfor-
derten viel inniger die Anwesenheit der Mutter, die neueren Quartos* mit
ihrer faden und gedehnten Zärtlichkeit sind eher bestimmt, über deren Fern-
sein hinwegzusetzen. Eine Emanzipation des Spielzeugs setzt ein; es ent-
40 zieht sich, je weiter die Industrialisierung nun durchdringt, der Kontrolle
der Familie desto entschiedener und wird den Kindern, aber auch den Eltern
immer fremder. (...)

IV     Wer dieses auch im Technischen völlig geglückte Tafelwerk* nicht aufmerksam
durchliest, weiß eigentlich kaum, was Spielzeug überhaupt ist, geschweige
45 was es bedeutet. Diese letzte Frage führt dann freilich über dessen Rahmen
hinaus auf eine philosophische Klassifikation des Spielzeugs. Solange der
sture Naturalismus herrschte, war keine Aussicht, das wahre Gesicht des
spielenden Kindes zur Geltung zu bringen. Heute darf man vielleicht schon
hoffen, den gründlichen Irrtum zu überwinden, der da vermeint, der Vorstel-
50 lungsgehalt seines Spielzeugs bestimme das Spiel des Kindes, da es in Wahr-

---

* Siehe Worterklärungen!

heit eher sich umgekehrt verhält. Das Kind will etwas ziehen und wird
Pferd, will mit Sand spielen und wird Bäcker, will sich verstecken und wird
Räuber oder Gendarm. Vollends wissen wir von einigen uralten, alle Vorstel-
lungsmasken verschmähenden Spiel- (doch einst vermutlich kultischen) Ge-
55  räten: Ball, Reifen, Federrad, Drache - echten Spielsachen, "um so echter,
je weniger sie dem Erwachsenen sagen". Denn je ansprechender im gewöhnlichen
Sinne Spielsachen sind, um so weiter sind sie vom Spielgeräte entfernt; je
schrankenloser in ihnen die Nachahmung sich bekundet, desto weiter führen
sie vom lebendigen Spielen ab. Dafür sind die mancherlei Puppenhäuser be-
60  zeichnend, die Gröber bringt. Nachahmung - so läßt sich das formulieren -
ist im Spiel, nicht im Spielzeug zu Hause.

V     Aber freilich, man käme überhaupt weder zur Wirklichkeit noch zum Begriff
des Spielzeugs, versuchte man es einzig aus dem Geist der Kinder zu erklären. Ist doch das Kind kein Robinson, sind doch auch Kinder keine abgeson-
65  derte Gemeinschaft, sondern ein Teil des Volkes und der Klasse, aus der sie
kommen. So gibt denn auch ihr Spielzeug nicht von einem autonomen Sonderleben Zeugnis, sondern ist stummer Zeichendialog zwischen ihm und dem Volk.
Ein Zeichendialog, zu dessen Entzifferung dieses Werk ein gesichertes
Fundament bildet.

Walter Benjamin: Kulturgeschichte des Spielzeugs (1928), gekürzt,
Numerierung der Abschnitte nicht original

Worterklärungen

| Zunft Adj. zünftig | Im frühen Mittelalter (seit dem 12. Jh.) organisieren sich die einzelnen Handwerke zur gemeinsamen Interessen-vertretung in Zünften (die Zunft der Bäcker, der Tisch-ler, der Schuster, der Weber usw.) |
| --- | --- |
| Drechsler | Hersteller von Gebrauchs- und Kunstgegenständen aus Holz, Elfenbein, Horn usw. (drechseln = drehen) |
| Tragantfiguren | Figuren aus einer gummiartigen Substanz. Die Konditoren pflegten Figuren aus Mehl, Zucker und Tragant herzu-stellen. |
| Lichtzieher | Hersteller von (gezogenen) Kerzen |
| Quarto | Bezeichnung für ein Buchformat (max. 35 cm Höhe oder Breite) |
| Tafelwerk | Buch mit (farbigen) Abbildungen (= Tafeln) |

Bitte lesen Sie zuerst den vorstehenden Text und dann die folgenden Fragen
sorgfältig durch, bevor Sie mit der Bearbeitung beginnen!

I. Beantworten Sie die folgenden Fragen - wenn möglich nicht mit Zitaten aus dem Text:

1. Der Text erschien zuerst im Literaturblatt der Frankfurter Zeitung vom 13.5.1928.
   a) Was für eine Art von Text ist das?
   b) Wie nennt man den Verfasser eines solchen Textes?

2. a) Worauf hat der Autor nach Benjamin verzichtet?
   b) Welche Absicht steht hinter diesem Verzicht?
   c) Welche Position wird Deutschland innerhalb der europäischen Spielzeugproduktion zugeschrieben?

3. a) Wo wurde damit begonnen, Spielzeug herzustellen?
   b) Wie wirkten sich die Zunftschranken auf Produktion, Preis und Vertrieb des Spielzeugs aus?

4. a) Was verrät uns die Größenänderung des Spielzeugs über die Beziehung zwischen Mutter und Kind?
   b) Was versteht Benjamin unter der Emanzipation des Spielzeugs?

5. a) Welche beiden Fragen beantwortet das Buch dem aufmerksamen Leser?
   b) Was bestimmt das Spiel des Kindes in Wahrheit und welche Beispiele bringt Benjamin in diesem Zusammenhang?
   c) Welche Feststellung trifft Benjamin bezüglich der Nachahmung im Spiel und im Spielzeug?

6. a) Welche Funktion schreibt Benjamin dem Spielzeug am Schluß zu?
   b) Wie begründet Benjamin diese "Rolle" des Spielzeugs?

7. a) Wie charakterisiert Benjamin den Autor des besprochenen Buches?
   b) Wie beurteilt Benjamin das Buch? (Zitat der Textstellen genügt hier. Keine bloße Zeilenangabe!)

8. Der Text gliedert sich in fünf Abschnitte (Ziffern I bis V). Finden Sie für jeden Abschnitt einen Zwischentitel, der den Leser über den entsprechenden Hauptgedanken informiert.

II. Erklären Sie folgende Wörter und Wendungen:
   1. sich widmen (Z. 4)
   2. nahelegte (Z. 6)
   3. (ist) ans Licht getreten (Z. 13)
   4. versteht es sich von selbst (Z. 24)
   5. ihnen abhanden kommt (Z. 33)
   6. es entzieht sich (...) der Kontrolle (Z. 39/40)
   7. zur Geltung zu bringen (Z. 48)
   8. ansprechend (Z. 56)
   9. einzig (Z. 63)

10. autonomes Sonderleben (Z. 66/67)

11. Entzifferung (Z. 68)

12. ein gesichertes Fundament (Z. 68/69)

1984/2  Mein Besuch bei Dr. Steiner

Eine Frau wartet schon (oben im zweiten Stock des Viktoriahotels in der
Jungmannstraße), bittet mich aber dringend, vor ihr hineinzugehn. Wir warten. Die Sekretärin kommt und vertröstet uns. In einem Korridordurchblick
sehe ich ihn. Gleich darauf kommt er mit halb ausgebreiteten Armen auf uns
5   zu. Die Frau erklärt, ich sei zuerst dagewesen. Ich gehe nun hinter ihm,
wie er mich in sein Zimmer führt. Sein an Vortragsabenden wie gewichst
schwarzer Kaiserrock (nicht gewichst, sondern nur durch sein reines Schwarz
glänzend) ist jetzt bei Tageslicht (drei Uhr nachmittag) besonders auf
Rücken und Achseln staubig und sogar fleckig.

10  In seinem Zimmer suche ich meine Demut, die ich nicht fühlen kann, durch
Aufsuchen eines lächerlichen Platzes für meinen Hut zu zeigen, ich lege ihn
auf ein kleines Holzgestell zum Stiefelschnüren. Tisch in der Mitte, ich
sitze mit dem Blick zum Fenster, er an der linken Seite des Tisches. Auf
dem Tisch Papiere mit ein paar Zeichnungen, die an jene der Vorträge über
15  okkulte Physiologie erinnern. Ein Heftchen "Annalen für Naturphilosophie"
bedeckt einen kleinen Haufen Bücher, die auch sonst herumzuliegen scheinen.
Nur kann man nicht herumschauen, da er einen mit seinem Blick immer zu halten versucht. Tut er es aber einmal nicht, so muß man auf die Wiederkehr
des Blickes aufpassen. Er beginnt mit einigen losen Sätzen: Sie sind doch
20  der Dr. Kafka? Haben Sie sich schon länger mit Theosophie beschäftigt?

Ich aber dringe mit meiner vorbereiteten Ansprache vor: Ich fühle, wie ein
großer Teil meines Wesens zur Theosophie hinstrebt, gleichzeitig aber habe
ich vor ihr die höchste Angst. Ich befürchte nämlich von ihr eine neue Verwirrung, die für mich sehr arg wäre, da eben schon mein gegenwärtiges Un-
25  glück nur aus Verwirrung besteht. Diese Verwirrung liegt in Folgendem: Mein
Glück, meine Fähigkeiten und jede Möglichkeit, irgendwie zu nützen, liegen
seit jeher im Literarischen. Und hier habe ich allerdings Zustände erlebt
(nicht viele), die meiner Meinung nach den von Ihnen, Herr Doktor, beschriebenen hellseherischen Zuständen sehr nahestehen, in welchen ich ganz und gar
30  in jedem Einfall wohnte, aber jeden Einfall auch erfüllte und in welchen ich
mich nicht nur an meinen Grenzen fühlte, sondern an den Grenzen des Menschlichen überhaupt. Nur die Ruhe der Begeisterung, wie sie dem Hellseher wahrscheinlich eigen ist, fehlte doch jenen Zuständen, wenn auch nicht ganz.

Ich schließe dies daraus, daß ich das Beste meiner Arbeiten nicht in jenen
35  Zuständen geschrieben habe. - Diesem Literarischen kann ich mich nun nicht
vollständig hingeben, wie es sein müßte, und zwar aus verschiedenen Gründen
nicht. Abgesehen von meinen Familienverhältnissen könnte ich von der Literatur schon infolge des langsamen Entstehens meiner Arbeiten und ihres besonderen Charakters nicht leben; überdies hindert mich auch meine Gesund-
40  heit und mein Charakter daran, mich einem im günstigsten Falle ungewissen
Leben hinzugeben. Ich bin daher Beamter in einer sozialen Versicherungs-
anstalt geworden. Nun können diese zwei Berufe einander niemals ertragen
und ein gemeinsames Glück zulassen. Das kleinste Glück in einem wird ein
großes Unglück im zweiten. Habe ich an einem Abend Gutes geschrieben, brenne
45  ich am nächsten Tag im Bureau und kann nichts fertig bringen. Dieses Hin-
undher wird immer ärger. Im Bureau genüge ich äußerlich meinen Pflichten,
meinen innern Pflichten aber nicht, und jede nichterfüllte innere Pflicht
wird zu einem Unglück, das sich aus mir nicht mehr rührt. Und zu diesen
zwei nie auszugleichenden Bestrebungen soll ich jetzt die Theosophie als
50  dritte führen? Wird sie nicht nach beiden Seiten hin stören und selbst von
beiden gestört werden? Werde ich, ein gegenwärtig schon so unglücklicher
Mensch, die drei zu einem Ende führen können? Ich bin gekommen, Herr Doktor, Sie das zu fragen, denn ich ahne, daß, wenn Sie mich dessen für fähig
halten, ich es auch wirklich auf mich nehmen kann.

55  Er hörte äußerst aufmerksam zu, ohne mich offenbar im geringsten zu beobachten, ganz meinen Worten hingegeben. Er nickte von Zeit zu Zeit, was er
scheinbar für ein Hilfsmittel einer starken Konzentration hält. Am Anfang
störte ihn ein stiller Schnupfen, es rann ihm aus der Nase, immerfort arbeitete er mit dem Taschentuch bis tief in die Nase hinein, einen Finger an
jedem Nasenloch.

Aus: Hubert Fichte (Herausgeber), Mein Lesebuch, Fischer Band 1769;
Franz Kafka: Aufzeichnungen aus dem Jahre 1911

Bitte lesen Sie zuerst den vorstehenden Text und dann die folgenden Fragen
sorgfältig durch, bevor Sie mit der Bearbeitung beginnen!

I. Beantworten Sie die folgenden Fragen - wenn möglich nicht mit Zitaten
   aus dem Text:

   1. Auf wessen Wunsch kommt die hier geschilderte persönliche Begegnung
      zwischen dem Autor und Dr. Steiner zustande? - Führen Sie alle Ein-
      zelheiten auf, die dies deutlich machen.

   2. Woraus ist zu erkennen, daß Kafka Dr. Steiner schon vor diesem Be-
      such gesehen hat?

3. a) Was für ein Bild von der Persönlichkeit Dr. Steiners hatte sich der Autor offenbar vor seinem Besuch gemacht?

 b) Wie weit bestimmt dieses Bild sein eigenes Verhalten während des Besuches?

 c) Durch welche Eindrücke und Beobachtungen wird es überlagert?

4. a) Welche Frage soll Dr. Steiner dem Autor beantworten?

 b) Welche Bedeutung wollte der Autor nach eigener Aussage der Antwort beimessen?

5. Wie charakterisiert der Autor sein Verhältnis zur Theosophie?

6. a) In welcher außergewöhnlichen persönlichen Erfahrung fühlt sich der Autor von Dr. Steiner verstanden?

 b) In welcher Beziehung steht diese Erfahrung zu seiner schriftstellerischen Tätigkeit?

7. a) Aus welchen Gründen schließt der Autor die Literatur als Quelle seines Lebensunterhalts aus?

 b) Welchen Kompromiß ist er daher eingegangen?

 c) Welcher Konflikt ist ihm daraus erwachsen?

8. Wie erklären Sie sich das Verhalten der wartenden Frau?

9. Welchen unterschiedlichen Gebrauch machen der Autor und Dr. Steiner von ihren Augen?

10. Welche Intentionen könnte Kafka mit dem offenen Schluß verfolgen?

11. In den Zeilen 12-15 erscheinen zwei unvollständige Sätze. Warum erscheint die verkürzte Satzform gerade an dieser Stelle einleuchtend?

II. Geben Sie die unterstrichenen Wörter und Wendungen mit eigenen Worten und nach ihrer Bedeutung im Text wieder:

12. vertröstet uns (Z. 3)

13. wie gewichst (Z. 6)

14. mit einigen losen Sätzen (Z. 19)

15. ich ... dringe ... vor (Z. 21)

16. hinstrebt (Z. 22)

17. arg (Z. 24)

18. hellseherischen Zuständen sehr nahestehen (Z. 29)

19. eigen ist (Z. 33)

20. mich einem ... ungewissen Leben hinzugeben (Z. 40/41)

21. brenne ich (Z. 44/45)

22. genüge ich äußerlich meinen Pflichten (Z. 46)

23. das sich aus mir nicht mehr rührt (Z. 48)

24. ganz meinen Worten hingegeben (Z. 56)

1985/1  Mein Fall ist, in Kürze, dieser: Es ist mir völlig die Fähigkeit abhanden
gekommen, über irgend etwas zusammenhängend zu denken oder zu sprechen.

Zuerst wurde es mir allmählich unmöglich, ein höheres oder allgemeineres
Thema zu besprechen und dabei jene Worte in den Mund zu nehmen, deren sich
5  doch alle Menschen ohne Bedenken geläufig zu bedienen pflegen. Ich empfand
ein unerklärliches Unbehagen, die Worte "Geist", "Seele" oder "Körper" nur
auszusprechen. Ich fand es innerlich unmöglich, über die Angelegenheiten
des Hofes, die Vorkommnisse im Parlament, oder was Sie sonst wollen, ein
Urteil herauszubringen. Und dies nicht etwa aus Rücksichten irgendwelcher
10  Art, denn Sie kennen meinen bis zur Leichtfertigkeit gehenden Freimut: sondern die abstrakten Worte, deren sich doch die Zunge naturgemäß bedienen
muß, um irgendwelches Urteil an den Tag zu geben, zerfielen mir im Munde
wie modrige Pilze. Es begegnete mir, daß ich meiner vierjährigen Tochter
Katharina Pompilia eine kindische Lüge, deren sie sich schuldig gemacht
15  hatte, verweisen und sie auf die Notwendigkeit, immer wahr zu sein, hin-
führen wollte und dabei die mir im Munde zuströmenden Begriffe plötzlich
eine solche schillernde Färbung annahmen und so ineinander überflossen,
daß ich, den Satz, so gut es ging, zu Ende haspelnd*, so wie wenn mir un-
wohl geworden wäre und auch tatsächlich bleich im Gesicht und mit einem
20  heftigen Druck auf der Stirn, das Kind allein ließ, die Tür hinter mir zu-
schlug und mich erst zu Pferde, auf der einsamen Weide einen guten Galopp
nehmend, wieder einigermaßen herstellte.

Allmählich aber breitete sich diese Anfechtung aus wie ein um sich fressender Rost. Es wurden mir auch im familiären Gespräch alle die Urteile, die
25  leichthin und mit schlafwandelnder Sicherheit abgegeben zu werden pflegen,
so bedenklich, daß ich aufhören mußte, an solchen Gesprächen irgend teilzu-
nehmen. Mit einem unerklärlichen Zorn, den ich nur mit Mühe notdürftig ver-
barg, erfüllte es mich, dergleichen zu hören, wie: diese Sache ist für den
oder jenen gut oder schlecht ausgegangen; N. ist ein böser, T. ein guter
30  Mensch; Pächter M. ist zu bedauern, seine Söhne sind Verschwender; ein anderer ist zu beneiden, weil seine Töchter haushälterisch sind; eine Familie
kommt in die Höhe, eine andere ist im Hinabsinken. Dies alles erschien mir
so unbeweisbar, so lügenhaft, so löcherig, wie nur möglich. Mein Geist
zwang mich, alle Dinge, die in einem solchen Gespräch vorkamen, in einer
35  unheimlichen Nähe zu sehen: so wie ich einmal in einem Vergrößerungsglas
ein Stück von der Haut meines kleinen Fingers gesehen hatte, das einem Feld
mit Furchen und Höhlen glich, so ging es mir nun mit den Menschen und ihren

* haspeln: hastig und überstürzt sprechen

39

Handlungen. Es gelang mir nicht mehr, sie mit dem vereinfachenden Blick der
Gewohnheit zu erfassen. Es zerfiel mir alles in Teile, die Teile wieder in
40 Teile, und nichts mehr ließ sich mit einem Begriff umspannen. Die einzelnen
Worte schwammen um mich; sie gerannen zu Augen, die mich anstarrten und in
die ich wieder hineinstarren muß: Wirbel sind sie, in die hinabzusehen mich
schwindelt, die sich unaufhaltsam drehen und durch die hindurch man ins
Leere kommt. (...)

45 Ich habe Sie, mein verehrter Freund, mit dieser ausgebreiteten Schilderung
eines unerklärlichen Zustandes, der gewöhnlich in mir verschlossen bleibt,
über Gebühr belästigt.

Sie waren so gütig, Ihre Unzufriedenheit darüber zu äußern, daß kein von
mir verfaßtes Buch mehr zu Ihnen kommt, "Sie für das Entbehren meines Um-
50 ganges zu entschädigen". Ich fühlte in diesem Augenblick mit einer Bestimmt-
heit, die nicht ganz ohne ein schmerzliches Beigefühl war, daß ich auch im
kommenden und im folgenden und in allen Jahren dieses meines Lebens kein
englisches und kein lateinisches Buch schreiben werde, weil die Sprache, in
welcher nicht nur zu schreiben, sondern auch zu denken mir vielleicht gege-
55 ben wäre, weder die lateinische noch die englische noch die italienische
und spanische ist, sondern eine Sprache, von deren Worten mir auch nicht
eines bekannt ist, eine Sprache, in welcher die stummen Dinge zu mir sprechen, und in welcher ich vielleicht einst im Grabe vor einem unbekannten
Richter mich verantworten werde.

Hugo von Hofmannsthal, Prosa III, Seiten 11 - 20, gekürzt.

Bei dem vorangegangenen Text handelt es sich um einen Briefausschnitt.
Lesen Sie zuerst den ganzen Text sorgfältig durch und beantworten Sie dann
die folgenden Fragen in ganzen Sätzen und möglichst mit eigenen Worten.

I. 1. Welche Erwartung des Empfängers hat der Verfasser des Briefes ent-
täuscht und muß er auch in Zukunft enttäuschen?

    2. Benennen Sie die Krise, in die der Verfasser des Briefes geraten ist,
und schildern Sie kurz, worin sie besteht.

    3. Spricht der Briefeschreiber oft und gern über diese Krise? Begründen
Sie Ihre Antwort mit Hinweis auf eine Textstelle.

    4. Wie und bei welchen Anlässen hat sich die Krise zuerst manifestiert?

    5. a) Was war der Anlaß für die Ermahnungen, die der Briefschreiber
seiner Tochter erteilen wollte?

       b) Was hat es mit dem Unwohlsein auf sich, von dem in Zeile 18-19 die
Rede ist? Berücksichtigen Sie bei Ihrer Antwort die durch die Wörter "so wie wenn" und "tatsächlich" gegebenen Hinweise.

6. An welcher späteren Textstelle wird das Motiv des Unwohlseins noch einmal aufgenommen? Vergleichen Sie die beiden Stellen bezüglich ihrer Intensität und der sprachlichen Mittel, die der Autor einsetzt.

7. Zählen Sie die in Zeile 18 - 22 vorgeführten Handlungen des Briefschreibers in ihrer zeitlichen Abfolge auf. Verwenden Sie dabei nur die Hauptsatzform, also keine Nebensätze und Partizipialkonstruktionen, und beginnen Sie mit: "Er brachte den Satz notdürftig zu Ende, ..."

8. Inwiefern ist "ein um sich fressender Rost" (Zeile 23/24) gerade an dieser Stelle des Textes ein besonders treffendes Bild?

9. Welche neue Erfahrung will uns der Verfasser mit der Erwähnung des Vergrößerungsglases und seiner Wirkung deutlich machen?

10. a) Welche Sprache möchte der Briefschreiber gern beherrschen?

    b) Welche von ihm geäußerte Vorstellung beweist den hohen Wert, den er dieser Sprache beimißt?

11. Worauf beziehen sich die Wörter

    a) "dies" (Z. 9)

    b) "dergleichen" (Z. 28)

II. Geben Sie die folgenden unterstrichenen Textstellen mit eigenen Worten wieder:

12. deren sich ... alle Menschen ... zu bedienen pflegen (Z. 4/5)

13. meinen bis zur Leichtfertigkeit gehenden Freimut (Z. 10)

14. mich ... wieder einigermaßen herstellte (Z. 22)

15. Sie für das Entbehren meines Umganges zu entschädigen (Z. 49/50)

III. Erklären Sie die unterstrichenen Wörter/Ausdrücke nach ihrer Bedeutung im Text:

16. modrig (Z. 13)

17. verweisen (Z. 15)

18. im familiären Gespräch (Z. 24)

19. mit schlafwandelnder Sicherheit (Z. 25)

20. löcherig (Z. 33)

21. umspannen (Z. 40)

22. über Gebühr (Z. 47)

1985/2  Schulhäusler, lebenslänglich.

Die Schule: es gibt kein Thema, das mir unangenehmer wäre. Heute noch befällt mich beim Betreten von Schulen ein Gemisch aus Depression und Wut. Ich habe heute noch Schulträume, in denen ich Lehrer bin. Mein Großvater war Lehrer, mein Vater, ich.

5   Mein Großvater unterrichtete vier Klassen gleichzeitig in einer kohlen-
    kellerartigen Schule. Die meisten seiner Schüler trugen Hosen aus Schüler-
    tuch, d.h. vom Staat gestifteten Stoffen, die ihre Träger als Sozialfälle
    kenntlich machten. Mein Großvater, die Güte in Person, prügelte seinen Bu-
    ben den Sinn durch den Hintern bis ins Hirn hinauf; der Sinn - jenes gedan-
10  kenlos sichere Selbstverständnis der den Lehrplan bestimmenden Klasse, die
    ihr Abitur schon bestanden hat - war damals noch ununterscheidbar mit der
    Atemluft vermischt. Die Schule meines Vaters dann war ein Palazzo Pitti* im
    Maßstab 1:100, aber auch in ihm kannte jeder jeden. Zu seiner Zeit prügelte
    man schon nicht mehr oder heimlich oder demonstrativ verstockt. Der Sinn
15  war inzwischen ziemlich verschütt gegangen, aber das war noch nicht in
    aller Munde. Mein Vater, auch er die Güte in Person, konnte gleichzeitig
    mit der Kommunistischen Partei sympathisieren und ein idealisch gesinnter
    Lehrer sein wollen. Ich dann, ebenfalls die Güte in Person, unterrichtete
    in einer Art Montagehalle mit lindgrünen Korridoren, und nun hatte sich das
20  Sinn-Defizit herumgesprochen, wenn auch nicht bis zu mir. Auch ich war
    idealisch; nur hatte ich vor den Schülern Angst. In Sinnfragen bin ich bis
    heute ein Autodidakt geblieben.

    Ich bin schon lange nicht mehr Lehrer. Längst verstecke ich meine pädagogi-
    schen Bedürfnisse in Geschriebenem, das so tut, als habe es weder Moral
25  noch Ziel. Natürlich ist das Gegenteil der Fall. Alle Schweizer Schrift-
    steller sind Pädagogen, und fast alle Schweizer Pädagogen sind Schrift-
    steller.

    Auch mein erster Deutschlehrer war ein Dichter, der herzliche, nur auf
    Lokalebene bekannt gebliebene Bücher geschrieben hat. Einmal, als er mir
30  einen Aufsatz zurückgab, zwinkerte er mir zu: sofort wollte ich auch so
    ein Dichter werden. Ihm verdanke ich auch, daß ich mir heute noch, wie er
    das gerne von uns verlangte, Gedichte "mit Gebärden" aufsage: Wer (fragen-
    des Gesicht) reitet (Hoppe-hoppe-Bewegungen) so spät (Blick auf die Uhr)
    durch Nacht (Herumtappen) und Wind (Haaresträuben). Das Poetentum meines
35  zweiten Deutschlehrers erkannte ich leider zu spät. Ich machte infantile
    Schülerscherze, und er teilte mir zwei Jahre vor dem Abitur mit, er werde
    nie mehr mit mir sprechen, und tat das dann auch. Zu Hause züchtete er
    Schafe. Ich glaube, er haßte die Schule und die Schüler. Wie viele Lehrer
    hassen Schule und Schüler.

40  Mein Französischlehrer zum Beispiel verließ mitten in einer Unterrichts-
    stunde plötzlich den Klassenraum und die Schule und betrat beide nie mehr.

    * Palast der Familie Pitti in Florenz

Eine Eingebung. Seither lebt er von einem Drittel seiner Pension und besucht
Sinfoniekonzerte. Ich glaube, er interessiert sich auch für Münzen. Er soll
heute um Jahre jünger aussehen.

45 Tatsächlich fühlte ich mich nie so alt wie damals, als ich selber zu unterrichten begann. Ich war dreiundzwanzig, ein Greis, weil ich das Gefühl
nicht loswurde, ab sofort vom Kapital meines Wissens zehren zu müssen. Natürlich war das mein Mißverständnis - dennoch denke ich heute noch, daß man
alle jungen Lehrer zuerst einmal in die böse weite Welt hineinprügeln müßte,
50 und erst mit vierzig ließe man sie wieder in die Schule. Ist das denn nicht
eine Ungeheuerlichkeit: in den Kindergarten gehen, in die Grundschule, ins
Gymnasium, auf die Uni - und dann wieder in die Schule? Die meisten Lehrer
wirken, als hätten sie lebenslänglich gekriegt. Und eine zweite Fliege wäre
mit dieser Klappe auch geschlagen: Zwar gibt es in den Schulen auch heute
55 noch eine idealische Sprachregelung; aber jede Schule ist auch randvoll mit
versorgungssüchtigen Lehrern, denen ihre eigene Unkündbarkeit genügend Le-
benssinn hergibt. Ein Schüler jedoch geht, wenn überhaupt, einen Weg nur,
wenn ihn sein Wegweiser auch geht. Wohin soll er gehen, wenn seine Lehrer
herumstehen ein Leben lang? Der Staat will solche Lehrer, Schulhäusler. Das
60 ist die ernüchterndste Erkenntnis für junge Lehrer: daß die Schulen alles
in allem genauso sind, wie der Staat sie sich wünscht. Daß auch ihre Archi-
tektur jener entspricht und entsprechen soll, in der es unsere Kinder später einmal aushalten müssen. Daß dahinter der teils arglose, teils zynische
Glaube steht, daß nur, wer genügend vielen dumpfmeistrigen Lehrern in ge-
65 nügend vielen Betonräumen begegnet ist, einen Abteilungsleiterposten bei
der AEG für ein hohes Ziel halten kann.

Mein Modell bleibt "Weniger Schule". Unterrichten würden weise Männer und
Frauen. Ihr Lehrplan würde von ihren eigenen Leidenschaften bestimmt. Heraus
käme ein völlig heterogen gebildetes Volk. Einige kennten die Rufe der
70 Steinadler, andre die Techniken des Warenterminsgeschäfts. Jede Schule wäre
eine Schule der Gefühle gewesen. Alle hätten gelernt, daß sie für alles
viel, viel Zeit brauchen.

Urs Widmer, aus: Freibeuter 5

Bitte lesen Sie zuerst den vorstehenden Text und dann die folgenden Fragen
sorgfältig durch, bevor Sie mit der Bearbeitung beginnen!

I. Beantworten Sie die folgenden Fragen in ganzen Sätzen und möglichst mit eigenen Worten:

1. In der Überschrift und im Text finden Sie das Wort "Schulhäusler".

   a) Wer ist hier damit gemeint?

   b) Mit welcher sozialen Randgruppe will der Autor die "Schulhäusler" so indirekt vergleichen?

2. Der Autor schildert drei Generationen von Lehrern, den Großvater, den Vater und sich selbst.

   a) Welche Veränderung der äußeren Situation der Schule (in Größe und sozialer Bedeutung) kann man dieser Schilderung entnehmen?

   b) Inwiefern kann man dem Text entnehmen, daß ein Autoritätsabbau und ein Identifikationsverlust innerhalb der drei geschilderten Lehrergenerationen stattgefunden haben?

3. Welche Bedeutungsverbindung läßt sich zwischen den Wörtern "Sinn" und "Klasse" herstellen?

4. Der Autor schildert drei Lehrer, die ihn unterrichtet haben.

   a) Welche stilistische Färbung hat diese Schilderung, und was will der Autor damit ausdrücken?

   b) Wie beurteilen Sie das Verhalten des zweiten Deutschlehrers vom pädagogischen Standpunkt aus? Begründen Sie Ihre Meinung!

   c) Welche Konsequenzen zog der Französischlehrer aus seiner Abneigung gegen die Schule? Welches Wort im Text und welche andere Textstelle belegen, daß der Autor diese Entscheidung für richtig hält?

5. Warum hält der Autor es für wünschenswert, daß ein Lehrer erst mit vierzig Jahren unterrichten darf? (Nennen Sie mindestens zwei Gründe!)

6. Welche Vorwürfe macht der Autor dem Staat

   a) in Bezug auf die Lehrer?

   b) in Bezug auf die Schüler?

7. a) Was für eine Schule und was für Lehrer wünscht sich der Autor?

   b) Wie beurteilen Sie sein Wunschmodell? Begründen Sie kurz Ihre Meinung!

8. An welcher Textstelle wird das, was der Autor schon in der Überschrift andeuten wollte, am deutlichsten dargestellt? Geben Sie die Zeilen an!

II. Geben Sie die folgenden unterstrichenen Textstellen mit eigenen Worten wieder:

9. Ich habe heute noch Schulträume (Z. 3)

10. die Güte in Person (Z. 8)

11. das war noch nicht in aller Munde (Z. 14/15)

12. nur <u>auf Lokalebene</u> bekannt gebliebene Bücher (Z. 28/29)

13. <u>zwinkerte</u> er mir <u>zu</u> (Z. 30)

14. in die <u>böse weite Welt hineinprügeln</u> müßte (Z. 49)

15. <u>eine zweite Fliege wäre mit dieser Klappe auch geschlagen</u> (Z. 53/54)

16. Ein Schüler jedoch <u>geht</u> ... <u>einen Weg</u> nur (Z. 57)

III. <u>Erklären Sie die folgenden Wörter nach ihrer Bedeutung im Text:</u>

17. Sozialfälle (Z. 7)

18. ununterscheidbar (Z. 11)

19. verstockt (Z. 14)

20. Bedürfnisse (Z. 24)

21. Gebärden (Z. 32)

22. Ungeheuerlichkeit (Z. 51)

23. versorgungssüchtig (Z. 56)

24. Leidenschaften (Z. 68)

ÜBERSETZUNG AUS DEM ENGLISCHEN (entfällt ab Nov. 1986)

1983/1 One of the richest sources of data on the presentation of idealized performances is the literature on social mobility. In most societies there seems to be a major or general system of stratification, and in most stratified societies there is an idealization of the higher strata and some aspiration on the part of those in low places to move to higher ones. (One must be careful to appreciate that this involves not merely a desire for a prestigeful place but also a desire for a place close to the sacred centre of the common values of the society.) Commonly we find that upward mobility involves the presentation of proper performances and that efforts to move upward and efforts to keep from moving downward are expressed in terms of sacrifices made for the maintenance of front. Once the proper sign-equipment has been obtained and familiarity gained in the management of it, then this equipment can be used to embellish and illumine one's daily performances with a favourable social style.

Perhaps the most important piece of sign-equipment associated with social class consists of the status symbols through which material wealth is expressed. American society is similar to others in this regard but seems to have been singled out as an extreme example of wealth-oriented class structure - perhaps because in America the licence to employ symbols of wealth and financial capacity to do so are so widely distributed. Indian society, on the other hand, has sometimes been cited not only as one in which mobility occurs in terms of caste groups, not individuals, but also as one in which performances tend to establish favourable claims regarding non-material values.

Erving Goffman, The Presentation of Self in Everyday Life (1959)

1983/2 The other two places are nearer the road and he thinks he might get closer on foot. He parks on a widened stretch of shoulder, packed earth scored by the herring-bone of tractor tire treads. When he gets out of the car, the powerful sweetish stench of the Blankenbiller's pigsty greets him from a distance, and what had seemed to be silence settles into his ear as a steady dry hum of insects, an undercoat to the landscape. The flowering weeds of midsummer, daisies and the Queen Anne's lace[1] and chicory, thrive at the side of the road and tap his pants legs as he hops up onto the bank. In his beige summerweight salesman's suit he prowls behind a hedgerow of sumac[2] and black gum[3] and wild cherry overgrown with poison ivy, shining leaves of it big as valentines and its vines having climbed to the tips of strangled trees. The roughly shaped sandstones of a tumbled old wall lie within this hedgerow, hardly one upon another. At a gap where wheeled vehicles have been driven through he stands surveying the cluster of buildings below him - barn and house, asbestos-sided chicken house and slat-sided corn crib, both disused, and a newish building of cement-block with a roof of corrugated overlapped Fiberglas.

John Updike, Rabbit Is Rich (1981)

1) wilde Möhre
2) Färberbaum
3) Tulpelobaum

1984/1 The World Outside

Most of the children were early that morning, creeping in subdued and stiff in the unaccustomed shoes, their faces and limbs shining from prolonged scrubbing. Some of the boys looked unusually ugly because of having had their hair savagely attacked with scissors and bowl the previous night by overzealous mothers, but the girls were glossy and braided and comely, and looked much more confident than the boys, as if handling inspectors would not be much trouble to them. The school master scanned all the faces sharply, planning the traditional reshuffle. Something nervous and trusting in the general atmosphere prompted him to put them at ease, though he was jumpy enough himself.

"Tell me, is it the same crowd at all I have before me, or is it some swanky[1]) gang down from Dublin for the day?" he grinned at them in Irish, and a relieved pleased ripple of laughter went over the desks. "Let me see now, we'll have to have yourself in the front, Mary Mannion, to show off that brave red ribbon, and let you take yourself to the back desk, Tomás Peig where with God's help you'll get a chance to show the Inspector how to do fractions." The point was that Mary was easy on the eyes and utterly brainless, and Tomás Peig was a bright lad and back benchers were inevitably questioned.

Val Mulkerns

1) aufgeputzt

1984/2 Smoke was rising here and there among the creepers that festooned the dead or dying trees. As they watched, a flash of fire appeared at the root of one wisp, and then the smoke thickened. Small flames stirred at the bole of a tree and crawled away through leaves and brushwood, dividing and increasing. One patch touched a tree trunk and scrambled up like a bright squirrel. The smoke increased, sifted, rolled outwards. The squirrel leapt on the wings of the wind and clung to another standing tree, eating downwards. Beneath the dark canopy of leaves and smoke the fire laid hold on the forest and began to gnaw. Acres of black and yellow smoke rolled steadily towards the sea. At the sight of the flames and the irresistible course of the fire, the boys broke into shrill, excited cheering. The flames, as though they were a kind of wild life, crept as a jaguar creeps on its belly towards a line of birch-like saplings*. They flapped at the first of the trees, and the branches gew a brief foliage of fire. The heart of flame leapt nimbly across the gap between the trees and then went swinging and flaring along the whole row of them. Beneath the capering boys a quarter of a mile square of forest was savage with smoke and flame.

From: William Golding, Lord of the Flies

*saplings = Bäumchen, Schößlinge

1985/1 The rain continued. It blew in gusts over the grey expanse of water in front of me, over the ships, the cranes, the heaps of cargo and under the roof of the shed. I shifted forlornly round the building in search of shelter, moving the suitcase, the grip[1]) and the three books with me. Again, for fear of losing contact I dared not go round the back out of sight of the ships and the quays, but of course the back of the shed was the dryest and least windy side. I was wet, cold, hungry and without any alcoholic solace. And I was to remain so for hours. In these circumstances it was

perhaps natural that none of the three masterpieces would take. Oddly
enough I got most reward from the second volume of Pendennis*, some interest
being stimulated by the attempt to work out what had gone before.

Still, even Pendennis was sticky going, and of course my attempts to read
were punctuated by long, anxious lookings, nervous pacings, bitter recrimi-
nations. The port of Rouen seemed remarkably idle that day, at least at our
part of the docks, perhaps because of the rain, and though the gangway of
the 'Irish Scrub' was down and apparently guarded by a French watchman in
a beret who sheltered under the lee of the cabin there was little movement
aboard.

From: Anthony Cronin, Dead as Doornails

1) grip = Reisetasche
* Pendennis = a novel by W. M. Thackeray

1985/2 When the short days of winter came dusk fell before we had well eaten our
dinners. When we met in the street the houses had grown sombre. The space
of sky above us was the colour of ever-changing violet and towards it the
lamps of the street lifted their feeble lanterns. The cold air stung us and
we played till our bodies glowed. Our shouts echoed in the silent street.
The career of o ur play brought us through the dark muddy lanes behind the
houses where we ran the gauntlet of the rough tribes from the cottages, to
the back doors of the dark dripping gardens where odours arose from the
ashpits, to the dark odorous stables where a coachman smoothed and combed
the horse or shook music from the buckled harness. When we returned to the
street light from the kitchen windows had filled the areas. If my uncle was
seen turning the corner we hid in the shadow until we had seen him safely
housed. Or if Mangan's sister came out on the doorstep to call her brother
in to his tea we watched her from our shadow peer up and down the street.
We waited to see whether she would remain or go in and, if she remained,
we left our shadow and walked up to Mangan's steps resignedly.

James Joyce, Araby

AUFGABEN ZUR PRÜFUNG DER AUSDRUCKSFÄHIGKEIT

1983/1  Schreiben Sie den folgenden Text neu! Ersetzen Sie dabei die unterstrichenen Wörter durch die am Rand angegebenen Wörter und nehmen Sie die dadurch
notwendig werdenden Umformungen vor:

*Beispiel:*

Mit dieser Aufgabe soll die Ausdrucksfähigkeit                    Zweck
geprüft werden.

*(Der) Zweck dieser Aufgabe ist es, die Ausdrucks-*
*fähigkeit zu prüfen.*

| | |
|---|---|
| Infolge | da |
| zunehmender Erfolgslosigkeit der Werbung, | Wirksamkeit |
| die seit langem | wie |
| praktiziert wird, hat sich folgende Situation ergeben: | eintreten |
| Wenn man vor fünf Jahren ein Produkt auf dem Markt | |
| einführen wollte, war dafür beispielsweise ein Werbe- | geworfen werden |
| etat von drei Millionen Mark erforderlich. | Verfügung |
| Heute reichen acht Millionen kaum aus, um dem Ver- | wenig |
| braucher den Namen einer neuen Marke einzuprägen. | vertraut machen |
| Kostspielige Aufwendungen | viel Geld |
| sind erforderlich, | müssen |
| um neue Märkte zu erkämpfen. | Eroberung |
| Die Ankündigungen vieler neuer Waren | angepriesen |
| werden immer lauter, | Lautstärke |
| da die Produkte andernfalls nicht mehr | auf diese Weise |
| vom Verbraucher wahrgenommen werden. | nahebringen |
| Diese Informationsmasse | Überangebot |
| bewirkt zwangsläufig eine Reizüberflutung des Ver- | führen |
| brauchers, und eine völlige Informationsverweigerung | was |
| ist die Folge. | |
| Dennoch kann es keinen Zweifel geben | bezweifeln |
| z.B. an der Werbewirksamkeit von Zeitungsanzeigen: | wirksam |
| Als vor einigen Jahren wegen eines Druckerstreiks | |
| in New York die Möglichkeit | unmöglich |
| zur täglichen Anzeigenwerbung fehlte, | werben |
| ging der Umsatz des Einzelhandels stark zurück. | umsetzen |
| Nach Beendigung des Streiks | beenden |
| brauchte der Einzelhandel über ein Jahr, | dauerte |
| um die früheren Verkaufszahlen wieder zu erreichen. | verkaufen |

1983/2 Schreiben Sie den folgenden Text neu! Ersetzen Sie dabei die unterstrichenen Wörter durch die am Rand angegebenen Wörter und nehmen Sie die dadurch notwendig werdenden Umformungen vor:

| | |
|---|---|
| Man kann an dem Problem des Weltfriedens | |
| besonders deutlich sehen, wie die wissen- | erkennen lassen |
| schaftlich-technische Entwicklung unsere Lebens- | |
| bedingungen radikal verändert. Krieg gibt es, | Veränderung |
| seitdem es die Menschheitsgeschichte gibt. | Beginn |
| Diese Geißel der Menschheit ist uns schon aus | |
| den ältesten überlieferten Schriften bekannt. | berichten |
| Was sich geändert hat in unserer Welt, | anders |
| ist das Wachstum der Kriegstechnik, | hochentwickelte |
| mit der wir mehr Menschen umbringen | Vernichtung |
| könnten, als überhaupt existieren. | möglich |
| Diese technische Entwicklung nötigt dazu, | notwendig |
| den Krieg unmöglich zu machen, | Verhinderung |
| in dem die modernen Waffen angewandt werden. | (Krieg) führen |
| Der innere Zusammenhang von Weltpolitik, | abhängig sind |
| Rüstungspolitik und Strategie der Abschreckung | |
| führt dazu, daß man nicht hoffen kann, diesen | Hoffnung |
| großen Krieg permanent zu verhindern; es sei denn, | |
| die weltpolitische Struktur wird geändert, die es | neue, bessere |
| in das Ermessen einzelner Staatsführungen stellt, | überlassen |
| ob sie diesen Krieg beginnen wollen oder nicht. | Beginn entscheiden |
| Daher ist es notwendig, eines Tages mittels | müssen |
| einer Weltorganisation zu erreichen, daß das | |
| Beginnen eines Krieges durch nationale Einheiten | |
| für immer ausgeschlossen wird. | können |
| Das ist ein Zustand, der heute nicht vorliegt, | gibt |
| zu dem wir auch nicht übergehen können. | einfach versetzen |
| Niemand von uns weiß, welche politischen Wege | kennen |
| dorthin führen könnten. | geeignet (sein) |

(Ausgangstext: C. F. von Weizsäcker, 1970)

1984/1 Schreiben Sie den folgenden Text neu! Ersetzen Sie dabei die unterstrichenen Wörter durch die am Rand angegebenen Wörter und nehmen Sie die dadurch notwendig werdenden Umformungen vor:

*Beispiel:*

| | |
|---|---|
| Zur Absicherung des vollen | damit |
| Textverständnisses für alle | verstehen |

50

wird hier der Begriff "Versandhaus" erklärt:             folgt
Ein Versandhaus ist ein Verkaufsunternehmen,
das seine Geschäfte über Katalogversand und             indem
schriftliche Bestellung seiner Kunden abwickelt.

*Damit abgesichert ist, daß alle den Text voll verstehen, folgt hier eine Erklärung des Begriffes
"Versandhaus": Ein Versandhaus ist ein Verkaufsunternehmen, das seine Geschäfte abwickelt, indem
es Kataloge versendet und schriftliche Bestellungen
seiner Kunden entgegennimmt.*

Der Bestseller des Jahres ist unter Ausschluß           beteiligt
der literarischen Öffentlichkeit erschienen.
Kein Rezensent hat ihn unter die Lupe genommen,         kritisch
und kein Buchhändler legt ihn ins Schaufenster.         liegen
Auf der Frankfurter Buchmesse war er nicht zu finden;   anbieten
trotzdem hat das Werk innerhalb weniger Wochen          ungeachtet
eine Millionenauflage erlebt.                           herauskommen
Es ist kein Roman, sondern ein Sach- und Handbuch,      handeln
das ein eingehendes Studium verlangt.                   studieren
Es umfaßt knapp vierhundert Seiten                      Umfang
und ist reich illustriert.                              Illustrationen
Ich meine den Herbstkatalog des Versandhauses X.        Rede
Dieses Werk ist nicht nur unentbehrlich für die         benötigen
Kunden der Firma, die es herausgebracht hat,            drucken lassen
sondern auch Politikern, Soziologen und
Nationalökonomen ist die Lektüre                        lesen
des Katalogs dringend anzuraten.                        Rat
Obgleich er zur Werbung dient,                          Zweck
gibt er Auskünfte                                       informieren
von wünschenswerter Objektivität.                       wünschen
Das Buch ist genauer                                    Genauigkeit
als jede demoskopische Untersuchung;                    als es
denn nicht unverbindliche Antworten auf Umfragen wer-   statt
den hier registriert, sondern Entscheidungen der Majo-
rität. Die Mehrheit möchte nicht "am Leben vorbeileben", etwas haben
und dieser Wunsch nimmt im Konsumgut Gestalt an.        Niederschlag
Im Jahr 3000 könnte ein Wissenschaftler                 möglich
aus diesem Katalog genauere Schlüsse auf unsere Zu-     rekonstruieren

stände ziehen als <u>aus</u> unserer ganzen erzählenden          Hilfe
Literatur. Daß ein Verkaufsartikel sich <u>rentiert</u>,          Gewinn
<u>qualifiziert</u> ihn noch nicht                                geeignet
zur <u>Aufnahme</u> in diesen Katalog.                            aufnehmen
Er muß dazu von solcher <u>Art</u> sein,                          beschaffen
daß sich die <u>Mehrheit</u> der Konsumenten                      Hälfte
auf ihn <u>einigen</u> kann.                                      entscheiden
Der Katalog ist also letzten Endes das <u>Resultat</u>           zustandekommen
einer unsichtbaren Volksabstimmung.

(Ausgangstext: Hans Magnus Enzensberger, Das Plebiszit des Verbrauchers)

1984/2  Schreiben Sie den folgenden Text neu! Ersetzen Sie dabei die unterstrichenen Wörter durch die am Rand angegebenen Wörter und nehmen Sie <u>alle</u> dadurch
notwendig werdenden Umformungen vor:

Die Menschen der Industriestaaten

<u>brauchen dringend</u> originale Berichte und Zeugnisse          äußerst wichtig

aus anderen Kulturen und Gesellschaften, <u>um begreifen</u>      zum Verständnis

zu können, in welchen gemeinsamen Traditionen

<u>wir alle stehen</u>.                                            unser aller

So lernen sie erkennen und verstehen, <u>wie*reizvoll</u>

und befruchtend unterschiedliche, aber gleichwertige

Entwicklungen <u>aufeinander wirken können</u>.                   Wechselwirkung

Literatur, in welcher Form auch immer

sie <u>erscheinen mag</u>,                                        Erscheinungsformen

<u>ist</u> der hochentwickelte und differenzierte Ausdruck        verleihen

menschlicher Existenz. Da alle Völker und Gesell-

schaften zu allen Zeiten Literatur

<u>hervorgebracht haben</u>,                                       entstanden sein

<u>ist</u> sie zugleich ein durchgängiges                         erscheinen

Moment der Menschheitsgeschichte.

Deshalb <u>ist</u> Literatur <u>der Ansatzpunkt</u>               ansetzen müssen

für eine Verständigung zwischen den Kulturen,                    wenn ... erreichen

wobei die Grundlage dieser Verständigung Achtung                  wollen

und Wertschätzung des Unterschiedlichen <u>sein muß</u>.          vorauszusetzen

Das Medium, <u>das*sich</u> für diesen Verständigungs-

prozeß besonders eignet,                                          geeignet

<u>ist</u> im Zeitalter der Massenkommunikation das Buch.        sich erweisen

Denn <u>nach</u> dem persönlichen Gespräch <u>ist</u> es          nur / bieten

* entfällt bei der Umformung

die zweitbeste Möglichkeit, andere Menschen,                    bessere
Gesellschaften und Kulturen kennenzulernen.                     Kennenlernen
Das Medium Buch erfordert einen höchst                          müssen
behutsamen Umgang,                                              umgehen
schon weil es viele Feinde hat und weil es stets                Dorn im Auge
und ständig gefährdet ist;
ebenso wie die freiheitliche und friedliche                     wie ja
Existenz der Menschen ständig gefährdet ist.
Weil die Inhalte der Bücher stets darauf zielen,
Grenzen zu überschreiten, damit der Leser vielleicht
selbst Lust auf Verweigerung und Auflehnung bekommt,            sich verweigern
stehen Machtsysteme und Bücher in einem ewigen                  herrschen
Kampf. Dieser Kampf zwischen Macht
und Geist wird so lange währen, bis es entweder                 zu Ende sein
keine Bücher mehr gibt oder aber die Menschheit
Existenzformen gefunden hat,
die Freiheit und Menschenrechte sichern.                        gesichert sein

(Ausgangstext: Peter Weidhaas: Das Buch widersteht.
                In: FR, 10.12.1983)

1985/1 In einem Kreis von Männern, denen es als
       ausgemacht gilt, daß die wesentlichsten                  überzeugt
       Rätsel des Traumes durch die Bemühung                    enträtseln
       des Verfassers gelöst worden sind, erwachte              wach
       eines Tages die Neugierde, sich um jene
       Träume zu kümmern, die überhaupt niemals                 beschäftigen
       geträumt werden, die von Dichtern geschaffen und         sich ausdenken
       erfundenen Personen im Zusammenhange einer Erzählung
       beigelegt werden. Der Vorschlag, diese Gattung von
       Träumen einer Untersuchung zu unterziehen, mochte        können
       müßig und befremdend erscheinen;                         halten
       von einer Seite her konnte man ihn
       als berechtigt hinstellen. Es wird ja                    nennen
       keineswegs allgemein geglaubt, daß der                   Zweifel
       Traum etwas Sinnvolles und Deutbares ist.                Sinn/Deutbarkeit
       Die Wissenschaft und die Mehrzahl der
       Gebildeten lächeln, wenn man ihnen die
       Aufgabe einer Traumdeutung stellt; nur das               sollen
       am Aberglauben hängende Volk, das hierin die             Beziehung
       Überzeugungen des Altertums fortsetzt, will              festhalten

von der Deutbarkeit der Träume nicht <u>ablassen</u>,     beharren
und der Verfasser der "Traumdeutung" hat es
gewagt, <u>gegen</u> den Einspruch der gestrengen     obwohl
Wissenschaft <u>Partei</u> für die Alten und für     Seite
den Aberglauben zu nehmen. Er ist allerdings
<u>weit davon entfernt</u>, im Traume eine Ankündigung     keineswegs
der Zukunft anzuerkennen, nach deren Enthüllung
der Mensch <u>seit jeher</u> mit allen unerlaubten     immer
Mitteln <u>vergeblich</u> <u>strebt</u>. Aber völlig     Erfolg / versuchen
<u>konnte</u> auch er nicht die Beziehung des     gelingen
Traumes zur Zukunft <u>verwerfen</u>, denn     leugnen
<u>nach</u> Vollendung einer mühseligen Übersetzungs-     nachdem
arbeit <u>erwies</u> sich ihm der Traum als ein     klar werden
erfüllt dargestellter Wunsch des Träumers,
und wer könnte <u>bestreiten</u>, daß Wünsche     zugeben
sich vorwiegend der Zukunft <u>zuzuwenden</u> pflegen.     richten

(Sigmund Freud: "Der Wahn und die Träume", Ges. Werke, Fischer, Band 7,
     S. 31)

1985/2  Die morphologische Verwandtschaft mit den
     höheren Säugetieren und <u>zumal</u> mit den Affen     ins........
     hat die Menschheit schon immer <u>irritiert</u>.     Ärgernis
     Sie mußte es um so mehr, als ihre <u>abstammungs-</u>     Abstammungsge-
     <u>geschichtliche</u> Erklärung noch unbekannt war.     schichte liefern
     Schon früh <u>wird</u> deshalb die Frage nach dem     stellen
     Kriterium des Menschen, nach seinem Unter-
     scheidungsmerkmal, <u>wach</u>.

     Wir <u>nennen</u> diese Merkmale Anthropina.     bezeichnen
     Nur der Mensch, so wird etwa gesagt, <u>geht</u>     Gang
     aufrecht, <u>hat</u> dadurch freigewordene Hände     sich bedienen können
     (<u>laut</u> Diogenes von Apollonia und Anaxagoras)     nachlesen
     und <u>kann</u> mit ihnen Werkzeuge benutzen.     Lage
     Oder man sucht <u>in Anbetracht</u> der äußeren     , weil ... nicht
     Ähnlichkeiten mit dem Tier das     leugnen
     <u>Anthropinon</u> mehr im Innern, etwa:     das, was ... macht
     nur er <u>kennt</u> Gut und Böse und empfindet Scham (Bibel),     Wissen
     nur er kann denken, <u>schafft</u> Sprache und überhaupt     hervor...
     Kultur (Griechen). Nur er kann <u>lachen</u> und     Gelächter ...
     <u>weinen</u> (Plessner), kann verneinen (Kunz),     ... vergießen

richtet sich in die Zukunft (Buber),  einbeziehen
hofft (Bloch), weiß, daß er sterben muß,  Tod
hat die Fähigkeit zum Selbstmord (Rosenzweig).  Ende
Wir wollen die Reihe hier nicht pedantisch  Einzelheiten
aufzählen. Die meisten Einzel-Anthropina
oder zumindest Vorstufen zu ihnen finden  nachweisen
sich auch bei Tieren. Aufrecht auf zwei
Beinen gehen auch Vögel, auch Bienen kennen  kommunizieren
- wie Karl von Frisch nachgewiesen hat -
eine Art von Sprache. Sie bilden ebenso wie die
Ameisen einen Staat (und wurden deshalb von Bergson
mit dem Menschen parallelisiert).  Beziehung
Alles in allem ist die Distanz jedoch enorm;  sprechen
die einzelnen Thesen aber, worin sie bestehe,  bedingt sein
sind meist zu partikulär und nicht tragfähig.  ... standhalten
Erst die heutige Forschung ist ins Grundsätz-  Einsichten kommen
liche vorgestoßen.

(Michael Landmann, Philosophische Anthropologie,
Göschen, 1976, Seite 124 f.)


FRAGEN ZUM FACHGEBIET


Deutsche Literatur

1983/1  Behandeln Sie zwei der hier gestellten Themen. Beachten Sie dabei, daß nur
a) o d e r b) eines Titels behandelt werden kann.

1. Tankred Dorst: G r o ß e   S c h m ä h r e d e   a n   d e r
S t a d t m a u e r

a) Inwiefern ist Dorsts Stück eine Anklage des Krieges? Begründen Sie
Ihre Ansicht!

b) Dorsts Stück handelt von der Beziehung zwischen Mann und Frau. Wie
ist die Spannung zwischen den Geschlechtern gestaltet?

2. Leonhard Frank: I m   l e t z t e n   W a g e n

a) Beschreiben und erörtern Sie bitte die Reaktionen von Bankier und
Arbeitern im Angesicht des Todes.

b) Wie vollzieht sich die Entfremdung zwischen dem Bankier und seiner
Frau?

3. Franz Grillparzer: D e r   a r m e   S p i e l m a n n

a) Ein Ich-Erzähler beobachtet und schildert die Titelfigur. Wie äußert
sich sein "anthropologischer Heißhunger"?

b) In welchem Verhältnis steht der arme Spielmann zur Gesellschaft?
Begründen Sie Ihre Ansicht!

4. Gottfried Keller:  R o m e o  u n d  J u l i a  a u f  d e m
   D o r f e

a) Erörtern Sie Kellers Kritik am Streben nach Privatbesitz!

b) Beschreiben Sie bitte die Rolle und Bedeutung des schwarzen Geigers in der Erzählung!

5. Eduard Keyserling:  A m  S ü d h a n g

a) Landschaft und Natur sind in Keyserlings Erzählung symbolisch gestaltet; erörtern Sie die Bedeutung von "Garten" und "Wald".

b) Welche Rolle spielt Aristides Dorn in der Adelsgesellschaft? Begründen Sie Ihre Ansicht!

6. Friedrich Schiller:  D i e  R ä u b e r

a) Zeigen Sie an Franz und Karl Moor die Problematik des "großen Menschen" auf!

b) Stellen Sie bitte den Generationenkonflikt dar und erläutern Sie seine Bedeutung im Stück!

7. Arthur Schnitzler:  T r a u m n o v e l l e

a) Erörtern Sie die Bedeutung von Fridolins Begegnung mit dem fremden Mädchen, die in der Novelle eingangs berichtet wird.

b) Wie werden "Traum" und "Wirklichkeit" in dieser Erzählung unterschieden und beurteilt?

8. Carl Sternheim:  1 9 1 3

a) Interpretieren Sie die Figur des Wilhelm Krey und seinen Weg durch die Handlung des Stücks!

b) Wie beurteilen Sie die dargestellten Familienverhältnisse - was beabsichtigt Sternheim mit dieser Darstellung?

9. Botho Strauß:  D i e  W i d m u n g

a) Welche Rolle spielt Hannah in Richard Schroubeks "Beziehungsproblem"?

b) Erörtern Sie Absicht und Nutzen von Richard Schroubeks Schreiben.

1983/2  1. Tankred Dorst:  G r o ß e  S c h m ä h r e d e  a n  d e r
        S t a d t m a u e r

a) Welche Handlungsimpulse gewinnt Dorst der sehr begrenzten Situation ab, auf der das Stück aufbaut?

b) Charakterisieren und beurteilen Sie die Entwicklung der Frau in Dorsts Stück.

2. Leonhard Frank:  I m  l e t z t e n  W a g e n

a) Welche Rolle spielt die Natur in Bezug auf das Geschehen im letzten Wagen?

b) Welche Personen vollziehen den Ausbruch aus der bürgerlichen Welt und welche nicht?

3. Franz Grillparzer:  D e r  a r m e  S p i e l m a n n

a) Welche Kunstauffassung spiegeln die Äußerungen des Armen Spielmanns über seine Musik? Wie beurteilt Grillparzer diese Kunst?

b) Welche Rolle spielt die Liebesbeziehung in der Erzählung? Was erfahren wir über die Titelfigur durch dieses Thema?

4. Gottfried Keller: R o m e o  u n d  J u l i a  a u f  d e m  D o r f e

   a) Wie entwickelt sich das Verhältnis zwischen Kindern und Vätern?

   b) Wie kritisiert Keller das Bürgertum in seiner Erzählung?

5. Eduard Keyserling: A m  S ü d h a n g

   a) Wieso bricht Daniela ihr Verhältnis mit Karl Erdmann so abrupt ab?

   b) Die Erzählung spielt in einer "Musterwirtschaft des Lebens", handelt aber vom Tod; erörtern Sie Durchführung und Folgen dieses Widerspruchs.

6. Friedrich Schiller: D i e  R ä u b e r

   a) Stellen Sie die Entwicklung des Bruderzwists dar.

   b) Welche Funktion übernimmt die Figur der Amalie in dem Drama?

7. Arthur Schnitzler: T r a u m n o v e l l e

   a) Erörtern Sie die Bedeutung von Albertines Traum im Gesamtaufbau der Novelle.

   b) Wie löst sich die Entfremdung zwischen den Eheleuten Fridolin und Albertine und woraus ist diese Entfremdung entstanden?

8. Carl Sternheim: 1 9 1 3

   a) Wie kritisiert Sternheim die Gesellschaft durch sein Stück? Welche Gruppen sind besonders betroffen?

   b) Erörtern Sie bitte die Beziehung zwischen den Geschlechtern. Welche Rolle spielen Liebe und Ehe in dem Stück?

9. Botho Strauß: D i e  W i d m u n g

   a) Welchen Sinn haben die Überlegungen über den Tagebuchschreiber Amiel für "Richard-ohne-Leben"?

   b) Erörtern Sie die Identitätsproblematik, wie sie sich für "Richard-ohne-Leben" stellt.

1984/1 1. Joseph von Eichendorff: S c h l o ß  D ü r a n d e

   a) Welche Rolle spielt die Französische Revolution in der Erzählung? Wie beurteilt Eichendorff sie?

   b) Erörtern Sie das Motiv der Verführung und seine Bedeutung in der Erzählung.

2. Ludwig Fels: D i e  S ü n d e n  d e r  A r m u t

   a) Beschreiben Sie das Eltern-Kind-Verhältnis in dem Roman und deuten Sie seine Wichtigkeit für die Darstellung.

   b) Diskutieren Sie die Bedeutung der Frauen in dem Roman.

3. Theodor Fontane: S c h a c h  v o n  W u t h e n o w

   a) Zwei Briefe schließen die Handlung ab, der Erzähler selbst nimmt nicht mehr Stellung. Was erreicht Fontane mit diesem Abschluß der Erzählung?

b) Interpretieren und werten Sie den Selbstmord von Schach.

4. Wilhelm Hauff: D a s   k a l t e   H e r z

a) Welche Rolle spielen "Geld" und "Stand" in dem Märchen "Das kalte Herz"? Wie werden sie bewertet?

b) Wie vollziehen sich die Verzauberung und ihre Lösung in dem Märchen "Kalif Storch"?

5. Johann G. Herder: V o n   d e u t s c h e r   A r t   u n d   K u n s t

a) Welche Bedeutung hat Shakespeare für Johann Gottfried Herder?

b) Begründen Sie den Titel von Herders Aufsatzsammlung. Nennen Sie dabei mindestens zwei zentrale Vorstellungsbereiche.

6. Ödön von Horvath: J u g e n d   o h n e   G o t t

a) Schildern Sie die Entwicklung des Lehrers.

b) Wie ist das nationalsozialistische Regime und seine Wirkungen in diesem Roman dargestellt?

7. Franz Kafka: B r i e f   a n   d e n   V a t e r

a) Diskutieren Sie die Frage nach der Schuld des Vaters.

b) Welche Rollen spielen die Frauen in der Beziehung zwischen Vater und Sohn?

8. Uwe Timm: K e r b e l s   F l u c h t

a) Das Buch erschien 1980 und wurde als Spiegelung der Stimmung unter den Studenten verstanden. Welches Bild der Bundesrepublik entwirft der Roman?

b) Der letzte Satz des Romans lautet: "Und alles blieb ruhig." Wie verstehen Sie diesen Schluß im Zusammenhang mit der Handlung des Romans?

9. Martin Walser: E i c h e   u n d   A n g o r a

a) Wie stellt Walser die Macht des nationalsozialistischen Regimes dar? Wie ist seine Sicht?

b) Was symbolisiert die Eiche in dem Stück?

1984/2 1. Joseph von Eichendorff: S c h l o ß   D ü r a n d e

a) Welche Bedeutung kommt in dieser Erzählung der Liebe zu? Diskutieren Sie kritisch die Durchführung der Liebeshandlung.

b) Oben und Unten, Jung und Alt - gibt es Veränderungen in dieser Konstellation? Wie beurteilen Sie Eichendorffs Darstellung?

2. Ludwig Fels: D i e   S ü n d e n   d e r   A r m u t

a) Schildern Sie die Rolle des jungen Ernst. Was besagt die Wahl dieser Zentralfigur für die Einschätzung der Bundesrepublik durch den Autor?

b) Charakterisieren Sie die Sprache der Figuren und die Formen sprachloser Kommunikation.

3. Theodor Fontane: S c h a c h   v o n   W u t h e n o w

a) Welche Kritik am Preußentum erkennen Sie in der Erzählung?

b) Schildern Sie die Rolle, die von Bülow in der Erzählung spielt.

4. Wilhelm Hauff: D a s   k a l t e   H e r z
   a) Welche Bedeutung besitzt das Herz aus Stein in der Handlung des Titelmärchens? Worauf verweist es?
   b) Welche Lebenseinstellungen symbolisieren die Geister in dem Märchen "Das kalte Herz"?

5. Johann G. Herder: V o n   d e u t s c h e r   A r t   u n d   K u n s t
   a) Welche Rolle weist Herder der Volkspoesie zu?
   b) Mit welchen Argumenten wird die Gotik zur "deutschen Kunst" erklärt?

6. Ödön von Horvath: J u g e n d   o h n e   G o t t
   a) Wie wird "Gott" in diesem Roman gesehen? In welchen Zusammenhängen wird er erwähnt und wofür steht er?
   b) Wie sehen Sie das Verhältnis zwischen dem Lehrer und dem Mädchen Eva?

7. Franz Kafka: B r i e f   a n   d e n   V a t e r
   a) Welche Rolle spielt die Schriftstellerei des Sohnes im Verhältnis zwischen Vater und Sohn?
   b) Der Sohn stellt sich am Schluß eine mögliche Rechtfertigung des Vaters vor. Wie korrigiert diese vorgestellte Rede des Vaters frühere Vorwürfe?

8. Uwe Timm: K e r b e l s   F l u c h t
   a) Schildern Sie Kerbels Beziehung zu Oberholzer. Erörtern Sie die Bedeutung dieser Figur.
   b) Im Zentrum der Handlung steht die Auflösung einer Liebesbeziehung. Wie gelingt es Timm, dieses private zu einem zeittypischen Geschehen auszuweiten?

9. Martin Walser: E i c h e   u n d   A n g o r a
   a) Diskutieren Sie die Darstellung der Schuldfrage in diesem Stück.
   b) Was steht hinter dem Symbol der Angorakaninchen?

1985/1 1. Bertolt Brecht: D e r   g u t e   M e n s c h   v o n   S e z u a n
   a) Erörtern Sie die Rolle, die Bert Brecht die Götter in dem Stück spielen läßt!
   b) Welcher Zusammenhang besteht zwischen Geld und Moral für den "guten Menschen"?

2. Max Frisch: B i e d e r m a n n   u n d   d i e   B r a n d - s t i f t e r
   a) Warum gibt Frisch diesem Werk den Untertitel "Ein Lehrstück ohne Lehre"?
   b) Die Brandstifter inszenieren vor den Biedermanns ein "Spiel im Spiel". Erläutern Sie dessen Funktion im Aufbau des Stückes.

3. Hermann Hesse:  S i d d h a r t a

a) Arbeiten Sie die wichtigen Wendepunkte auf Siddhartas Weg heraus.

b) Erläutern Sie die Rolle des Govinda in Hesses Erzählung.

4. E.T.A. Hoffmann:  M e i s t e r  F l o h

a) Zeigen Sie einige Beispiele für Hoffmanns Humor.

b) Erörtern Sie die Rolle der Dörtje Elverdink.

5. Thomas Mann:  M a r i o  u n d  d e r  Z a u b e r e r

a) Erläutern Sie bitte die Bedeutung des Ich-Erzählers als Figur, die das Geschehen erlebt und die dann die Novelle erzählt.

b) Wie sehen Sie das abrupte Ende der Erzählung?

6. Ferdinand Raimund:  A l p e n k ö n i g  u n d  M e n s c h e n -
f e i n d

a) Wie wird das Thema der Selbsterkenntnis in der Gestalt Rappelkopf ausgeführt?

b) Welche bürgerlichen Tugenden werden von Raimund herausgestellt?

7. Rainer M. Rilke:  D i e  W e i s e  v o n  L i e b e  u n d  T o d
des Cornets Christoph Rilke

a) Welche Geschichte erzählt Rilke? Bitte geben Sie eine kurze Nacherzählung und äußern Sie sich zur Form, in der Rilke erzählt.

b) Die Erzählung spielt im Krieg. Wie sieht Rilke dieses historische Ereignis? Bitte nehmen Sie dazu Stellung!

8. Ernst Weiss:  D e r  F a l l  V u k o b r a n k o v i c s

a) Wie erzeugt Ernst Weiss ein Gesamtbild des Falles? Erläutern Sie seine Darstellungsmittel.

b) Welche Charakterzüge weisen die Angeklagte als Giftmörderin aus?

9. Friedrich Wolf:  P r o f e s s o r  M a m l o c k

a) Welche Argumente bringt Mamlock gegen die nationalsozialistische Politik vor?

b) Zeigen Sie die Wandlung der Ärztin Inge Ruoff.

1985/2 1. Bertolt Brecht:  D e r  g u t e  M e n s c h  v o n  S e z u a n

a) Was besagt die Doppelrolle Shen Te/Shui Ta über Brechts Auffassung von "guten Menschen"?

b) Welche Rolle spielt Wang in dem Stück? Welche Bedeutung haben die Zwischenspiele?

2. Max Frisch:  B i e d e r m a n n  u n d  d i e  B r a n d -
s t i f t e r

a) Wie ist die Katastrophe motiviert? Erläutern Sie die verhängnisvollen Reaktionen Bidermanns auf die Taktik der Brandstifter.

b) Erläutern Sie die Funktion der Knechtling-Episode im Gesamtaufbau des Stückes.

3. Hermann Hesse: S i d d h a r t a

   a) Erläutern Sie die Notwendigkeit und Gefährdung von Siddhartas Aufenthalt bei den "Kindermenschen".

   b) Welche Rolle spielt sein Sohn für Siddharta?

4. E.T.A. Hoffmann: M e i s t e r   F l o h

   a) Welche Funktion besitzt das Gedankenmikroskop?

   b) Zeigen Sie Beispiele für Hoffmanns Gesellschaftskritik.

5. Thomas Mann: M a r i o   u n d   d e r   Z a u b e r e r

   a) Welcher Zusammenhang besteht zwischen dem Familienerlebnis und der Vorstellung des Hypnotiseurs?

   b) Welche politischen und sozialen Ereignisse spiegelt die Erzählung? Wie bewertet sie der Erzähler?

6. Ferdinand Raimund: A l p e n k ö n i g   u n d   M e n s c h e n - f e i n d

   a) Wie wird das Thema der Selbsterkenntnis in der Gestalt Rappelkopf ausgeführt?

   b) Welche Stationen muß Rappelkopf zu seiner 'Besserung' durchlaufen?

7. Rainer M. Rilke: D i e   W e i s e   v o n   L i e b e   u n d   T o d des Cornets Christoph Rilke

   a) Erörtern Sie den Zusammenhang von Liebe und Tod in der Erzählung Rilkes.

   b) Der Autor hat viele Gedankenstriche in seinem Text verwendet. Was erreicht er mit dieser Form der Darbietung?

8. Ernst Weiss: D e r   F a l l   V u k o b r a n k o v i c s

   a) Wie bewertet der Erzähler die Persönlichkeit und die Taten der Vukobrankovics?

   b) Was trägt das "Buch der Milica Vukobrankovics" zur Gesamtcharakteristik der Giftmörderin bei?

9. Friedrich Wolf: P r o f e s s o r   M a m l o c k

   a) Diskutieren Sie die deutsche Schuldfrage anhand dieses Stückes.

   b) Zeigen Sie die Entwicklung der Kinder Ruth und Rolf.

## Naturwissenschaften

1983/1 1. Gernot Böhme: A l t e r n a t i v e n   d e r   W i s s e n s c h a f t

   a) Ist Goethes Farbenlehre Wissenschaft?

   b) Geben Sie Beispiele alternativer Wissenschaft aus der Antike an!

2. Johannes Hemleben: J o h a n n e s   K e p l e r

   a) Was unterscheidet die Arbeiten von Kepler und Galilei?

   b) Welche Berührungspunkte mit der Welt des Irrationalen gibt es im Leben Keplers?

3. Erich von Holst: Z e n t r a l n e r v e n s y s t e m
   a) Erscheinungen der zentralen Adaption und Umstimmung
   b) Über die Farbwahrnehmung des Menschen

4. Walter Minder: G e s c h i c h t e   d e r   R a d i o a k t i v i t ä t
   a) Erste Entdeckungen der Radioaktivität
   b) Technische Anwendung der Atomkernspaltung

5. Johannes Wickert: A l b e r t   E i n s t e i n
   a) Grundgedanken der speziellen und allgemeinen Relativitätstheorie
   b) Einsteins Wirken an der Berliner Akademie

6. Edgar Zilsel: D i e   s o z i a l e n   U r s p r ü n g e   d e r
   n e u z e i t l i c h e n   W i s s e n s c h a f t
   a) Was sind die wesentlichen Kennzeichen neuzeitlicher Wissenschaft?
   b) In welcher Weise kennzeichnet Gilberts "De Magnete" den Beginn neuzeitlicher Wissenschaft?

7. Vinzenz Ziswiler: B e d r o h t e   u n d   a u s g e r o t t e t e
   T i e r e
   a) Ausrottung von Tieren in früheren Jahrhunderten
   b) Die Zerstörung natürlicher Lebensräume als Bedrohung der Tiere

1983/2 1. Gernot Böhme: A l t e r n a t i v e n   d e r   W i s s e n s c h a f t
   a) Was verstehen Sie unter sozialer Naturwissenschaft?
   b) Geben Sie Beispiele für den Einfluß der Politik auf die Entwicklung
   von Wissenschaft an!

2. Johannes Hemleben: J o h a n n e s   K e p l e r
   a) Inwieweit unterscheidet sich Keplers System von dem des Kopernikus?
   b) Schildern Sie Kopernikus' Vorstellungen von einer Himmelsphysik!

3. Erich von Holst: Z e n t r a l n e r v e n s y s t e m
   a) Die Methodik zur Bestimmung von Reizreaktionen
   b) Zusammenhängende Verhaltensweisen

4. Walter Minder: G e s c h i c h t e   d e r   R a d i o a k t i v i t ä t
   a) Frühe Lehren über eine atomare Struktur der Materie
   b) Was geschieht beim Zerfall der Atome?

5. Johannes Wickert: A l b e r t   E i n s t e i n
   a) Welche Vorstellung hatte Einstein von der Verantwortung des Physikers?
   (Beispiel: Atombombe)
   b) Vergleichen Sie Einsteins Tätigkeit in Deutschland mit der in den USA!

6. Edgar Zilsel: D i e   s o z i a l e n   U r s p r ü n g e   d e r
   n e u z e i t l i c h e n   W i s s e n s c h a f t
   a) Wie wurden die praktischen Fähigkeiten und Kenntnisse der Handwerker

und Künstler zu einem Bestandteil neuzeitlicher Naturwissenschaft?

b) Welche Rolle spielte die Mechanik und die Idee der Mechanisierung bei der Entstehung neuzeitlicher Naturwissenschaft?

7. Vinzenz Ziswiler: B e d r o h t e  u n d  a u s g e r o t t e t e  T i e r e

a) Ausrottung durch Störung biologischer Vorgänge

b) Verschiedene Formen des Naturschutzes

1984/1 1. Gernot Böhme: A l t e r n a t i v e n  d e r  W i s s e n s c h a f t

a) Wie sehen Sie das Verhältnis des Wissenschaftlers zur Wissenschaftspolitik?

b) Welche gesellschaftliche Bedeutung können Wissensinhalte beanspruchen?

2. Hoimar von Ditfurth: I m  A n f a n g  w a r  d e r  W a s s e r s t o f f

a) Beispiele für Anpassung bei der Evolution der Lebewesen.

b) Theorien über die Entstehung des Lebens.

3. Robert Jungk: H e l l e r  a l s  t a u s e n d  S o n n e n

a) Die Situation der Physik in Göttingen vor 1933.

b) Der Wettstreit zwischen Deutschland und den USA beim Bau der Atombombe.

4. Ernst von Khuon: D i e s e  u n s e r e  s c h ö n e  E r d e

a) Alternativen zur Atomenergie.

b) Der Kreislauf des Lebens.

5. Walter Minder: G e s c h i c h t e  d e r  R a d i o a k t i v i t ä t

a) Der Bau der Atome und die Gesetzesmäßigkeiten des radioaktiven Zerfalls.

b) Gefahren der Radioaktivität und Schutzmöglichkeiten.

6. Edgar Zilsel: D i e  s o z i a l e n  U r s p r ü n g e  d e r  n e u z e i t l i c h e n  W i s s e n s c h a f t

a) Wer sind die sozialen Träger der neuzeitlichen Wissenschaft und was ist ihre Funktion?

b) Kennzeichnen Sie die Rolle von Copernicus für die neuzeitliche Naturwissenschaft!

7. Vinzenz Ziswiler: B e d r o h t e  u n d  a u s g e r o t t e t e  T i e r e

a) Durch welche Maßnahmen bedroht der Mensch die Tiere direkt?

b) Die Bedeutung der natürlichen Gleichgewichte zwischen Organismen und ihrer Umwelt.

1984/2 1. Gernot Böhme: A l t e r n a t i v e n  d e r  W i s s e n s c h a f t

a) Welche Formen von "Praxis" lassen sich in der Wissenschaftsentwicklung unterscheiden?

b) Zeigen Sie an Beispielen, inwieweit "Alternativen" tatsächlich denselben Gegenstandsbereich behandeln!

2. Hoimar von Ditfurth: I m  A n f a n g  w a r  d e r  W a s s e r -
s t o f f

a) Der Bauplan der Zelle.

b) Vom Urknall zur Entstehung der Erde.

3. Robert Jungk: H e l l e r  a l s  t a u s e n d  S o n n e n

a) Einfluß der Politik auf die Atomforschung.

b) Oppenheimers Bedeutung bei der Entwicklung der Atombombe.

4. Ernst von Khuon: D i e s e  u n s e r e  s c h ö n e  E r d e

a) Nutzen und Problematik der Atomkraft.

b) Die Chemie als Fundament unerer Zivilisation.

5. Walter Minder: G e s c h i c h t e  d e r  R a d i o a k t i v i t ä t

a) Wie kann Radioaktivität künstlich hervorgerufen werden?

b) Möglichkeiten der friedlichen Nutzung von Kernenergie.

6. Edgar Zilsel: D i e  s o z i a l e n  U r s p r ü n g e  d e r
n e u z e i t l i c h e n  W i s s e n s c h a f t

a) Was zeichnet den Gesetzbegriff in der Physik am Anfang der Wissenschaftlichen Revolution aus?

b) Wie verhält sich nach Zilsel die biologische Evolution und die Entwicklung des Menschen in der Geschichte zueinander?

7. Vinzenz Ziswiler: B e d r o h t e  u n d  a u s g e r o t t e t e
T i e r e

a) Die besonderen Gefahren für die Faunen der Gewässer und der Inseln.

b) Maßnahmen des Naturschutzes.

1985/1  1. Hoimar von Ditfurth: I m  A n f a n g  w a r  d e r  W a s s e r -
s t o f f

a) Gründe für das Aussterben der Dinosaurier.

b) Der Sprung vom Einzeller zum Mehrzeller.

2. Klaus Fischer: G a l i l e o  G a l i l e i

a) Galilei, Märtyrer der Wissenschaft oder Scharlatan?

b) Welchen Einfluß übte Archimedes auf Galilei aus?

3. Ludwig Fleck: E n t s t e h u n g  u n d  E n t w i c k l u n g
e i n e r  w i s s e n s c h a f t l i c h e n  T a t s a c h e

a) Zeigen Sie die historische Bedingtheit des Syphilisbegriffs!

b) Welche Funktion für die Entstehung wissenschaftlicher Erkenntnis hat das Denkkollektiv?

4. Folke Henschen: D e r  m e n s c h l i c h e  S c h ä d e l  i n  d e r  K u l t u r g e s c h i c h t e

a) Die symbolische Bedeutung des menschlichen Schädels in der Kulturgeschichte.

b) Bedeutung des menschlichen Schädels in frühen Kulturen der Urmenschen.

5. Ilse Jahn: C h a r l e s  D a r w i n

a) Naturkundliche Beobachtungen Darwins auf seiner Weltreise.

b) Darwins Erziehung und Studienzeit.

6. Robert Jungk: H e l l e r  a l s  t a u s e n d  S o n n e n

a) Die Geschichte der Entdeckung der Kernspaltung.

b) Die Reaktion in den USA auf den Einsatz der ersten Atombomben.

7. Ernst von Khuon: D i e s e  u n s e r e  s c h ö n e  E r d e

a) Schaden und Nutzen der Pflanzenschutzmittel.

b) Wie kann die Sonne als Energiequelle genutzt werden?

1985/2 1. Hoimar von Ditfurth: I m  A n f a n g  w a r  d e r  W a s s e r - s t o f f

a) Ist das Leben zufällig oder notwendigerweise entstanden?

b) Wie entstand die Atmosphäre?

2. Klaus Fischer: G a l i l e o  G a l i l e i

a) Welche Bestätigungen für das Kopernikanische System konnte Galilei anbieten?

b) Welche Rolle spielten kirchliche Instanzen im und für das wissenschaftliche Leben des Galilei?

3. Ludwig Fleck: E n t s t e h u n g  u n d  E n t w i c k l u n g  e i n e r  w i s s e n s c h a f t l i c h e n  T a t s a c h e

a) Was ist eine wissenschaftliche Tatsache?

b) Unter welchen Umständen kann es zu einem Wandel des Denkstils kommen?

4. Folke Henschen: D e r  m e n s c h l i c h e  S c h ä d e l  i n  d e r  K u l t u r g e s c h i c h t e

a) Künstliche Umgestaltungen menschlicher Schädel.

b) Zur natürlichen Entwicklungsgeschichte des menschlichen Schädels.

5. Ilse Jahn: C h a r l e s  D a r w i n

a) Naturforscher in Darwins Umgebung.

b) Darwins Ausarbeitung seiner Entwicklungslehre.

6. Robert Jungk: H e l l e r  a l s  t a u s e n d  S o n n e n

a) Die Arbeiten zur Kernforschung in Deutschland während des zweiten Weltkrieges.

b) Das Wettrüsten zwischen den USA und der UdSSR nach dem zweiten Weltkrieg.

7. Ernst von Khuon: D i e s e   u n s e r e   s c h ö n e   E r d e

a) Ursachen und Auswirkungen der Bevölkerungsexplosion.

b) Probleme der Trinkwasserversorgung.

## Wirtschaftswissenschaften

1983/1  1. Theodor Dams: W e l t w i r t s c h a f t   i m   U m b r u c h

a) Welche Indikatoren zeigen eine wachsende Nord-Süd-Kluft an?

b) Welche Schlußfolgerungen wurden aus den sogenannten Weltmodellen für die Entwicklungspolitik gezogen?

2. René L. Frey: W a c h s t u m s p o l i t i k

a) Welche Vorstellungen werden mit dem Begriff des qualitativen Wachstums verbunden?

b) Welche Bedeutung hat die Ausstattung einer Volkswirtschaft mit Infrastruktur für das Wachstum?

3. Gerd Kübler: W a s   s a g t   m i r   d e r   W i r t s c h a f t s - t e i l   e i n e r   Z e i t u n g ?

a) Wie wird das Geldvolumen von der Bundesbank reguliert?

b) Welche Eigentümlichkeiten weist der europäische Agrarmarkt auf?

4. Gert Leptin: D e u t s c h e   W i r t s c h a f t   n a c h   1 9 4 5

a) Wie verlief die Sozialisierung in der DDR?

b) Was läßt sich über die unterschiedlichen Ergebnisse des Wiederaufbaus in den beiden deutschen Staaten sagen?

5. Günter Poser: W i r t s c h a f t s p o l i t i k

a) Kennzeichnen Sie einige Unterschiede zwischen keynesianischen und neoklassischen Empfehlungen zur Wirtschaftspolitik!

b) Wie lassen sich Konjunkturschwankungen erklären?

6. Walter Wittmann: Ö f f e n t l i c h e   F i n a n z e n

a) Was versteht man unter Steuerüberwälzung und wovon hängt die Überwälzbarkeit ab?

b) Wie greifen die öffentlichen Finanzen in die Einkommensverteilung ein?

1983/2  1. Theodor Dams: W e l t w i r t s c h a f t   i m   U m b r u c h

a) Welche Rolle spielen Rohstoffprogramme im Rahmen der geforderten Neuen Weltwirtschaftsordnung?

b) Welche Reformen des Internationalen Währungssystems werden von den Entwicklungsländern gefordert?

2. René L. Frey: W a c h s t u m s p o l i t i k

a) Inwieweit ist Wachstum auch ein Problem der Entwicklung der gesamtwirtschaftlichen Nachfrage?

b) Welche Beziehungen bestehen zwischen Wachstum und Stabilität?

3. Gerd Kübler: **W a s   s a g t   m i r   d e r   W i r t s c h a f t s - t e i l   e i n e r   Z e i t u n g ?**

a) Was ist der Hauptinhalt der Unternehmensberichterstattung und welchen Interessenten dient sie?

b) Welche Rahmenordnung gilt für die Zollpolitik im gegenwärtigen Welthandel?

4. Gerd Leptin: **D e u t s c h e   W i r t s c h a f t   n a c h   1 9 4 5**

a) Welche Hauptprobleme wirft die sozialistische Planung auf?

b) Welche Unterschiede lassen sich in der Entwicklung des privaten Verbrauchs in den beiden deutschen Staaten feststellen?

5. Günter Poser: **W i r t s c h a f t s p o l i t i k**

a) Inwieweit hat sich der Übergang von festen zu flexiblen Wechselkursen bewährt?

b) Welche verschiedenen Inflationserklärungen sind Ihnen bekannt?

6. Walter Wittmann: **Ö f f e n t l i c h e   F i n a n z e n**

a) Was versteht man unter Finanzausgleich und in welchen Formen kommt er vor?

b) Inwiefern können die öffentlichen Haushalte als automatische Stabilisatoren wirken?

1984/1   1. Willy Brandt (Hrsg.): **H i l f e   i n   d e r   W e l t k r i s e**

a) Worin liegen die Ursachen für die gegenwärtige Finanzkrise vieler Entwicklungsländer?

b) Welche Maßnahmen im Bereiche des Internationalen Währungsfonds werden von der Nord-Süd-Kommission vorgeschlagen?

2. Stephan Burgdorff (Hrsg.): **W i r t s c h a f t   i m   U n t e r - g r u n d**

a) Welche unterschiedlichen Aktivitäten umfaßt der Begriff "Schattenwirtschaft" und wie läßt sie sich gegen die offizielle Wirtschaft abgrenzen?

b) Wie kann man innerhalb der Schattenwirtschaft gesamtwirtschaftlich nützliche und schädliche Aktivitäten trennen?

3. Theodor Dams: **W e l t w i r t s c h a f t   i m   U m b r u c h**

a) Welche unterschiedliche Beurteilung erfahren Direktinvestitionen in Entwicklungsländern?

b) Worin bestehen die hauptsächlichen Aspekte einer von den Entwicklungsländern angestrebten Neuen Weltwirtschaftsordnung?

4. Michael Jungblut (Hrsg.): **K r i s e   i m   W u n d e r l a n d**

a) Worin liegen die Ursachen für die Finanzierungsschwierigkeiten unseres Systems der Sozialen Sicherheit?

b) Ist die gegenwärtige Unterbeschäftigung durch mehr oder weniger staatliche Aktivität zu überwinden?

5. Gerd Kübler: **W a s   s a g t   m i r   d e r   W i r t s c h a f t s -
t e i l   e i n e r   Z e i t u n g ?**

a) Schildern Sie die Phasen im Konjunkturzyklus!

b) Was bedeutet "Floaten" und wie kam es zu diesem Währungssystem?

6. Günter Poser: **W i r t s c h a f t s p o l i t i k :   E i n e   E i n -
f ü h r u n g**

a) Was versteht man unter primärer und sekundärer Einkommensverteilung
und welche Mittel zu ihrer Beeinflussung gibt es?

b) Welche Maßnahmen umfaßt die "Arbeitsmarktpolitik" und welche Bedeutung
hat sie in der gegenwärtigen Lage?

**1984/2** 1. Willy Brandt (Hrsg.): **H i l f e   i n   d e r   W e l t k r i s e**

a) Zeigen Sie die Interdependenzen zwischen der Wirtschaftsentwicklung
der Industrie- und der Rohstoffländer in der gegenwärtigen Situation
auf!

b) Welche Möglichkeiten und Pläne zur Konsolidierung der Bankschulden
der Entwicklungsländer werden gegenwärtig diskutiert?

2. Stephan Burgdorff (Hrsg.): **W i r t s c h a f t   i m   U n t e r -
g r u n d**

a) Wie ist das starke Wachstum der Eigenarbeit (Selbstwirtschaft, Do-it-
yourself) zu erklären?

b) Wie kann man den Umfang der Schattenwirtschaft quantitativ abschätzen?

3. Theodor Dams: **W e l t w i r t s c h a f t   i m   U m b r u c h**

a) Wie haben sich die weltwirtschaftlichen Ereignisse der siebziger Jahre
auf die Entwicklungsländer ausgewirkt?

b) Wie können die Industrieländer den Entwicklungsländern im Rahmen einer
marktwirtschaftlichen Ordnung entgegenkommen?

4. Michael Jungblut (Hrsg.): **K r i s e   i m   W u n d e r l a n d**

a) Welche Formen der Arbeitszeitverkürzung werden gegenwärtig diskutiert
und worin bestehen ihre Vor- und Nachteile?

b) Beschreiben Sie den Gegensatz zwischen nachfrage- und angebotsorien-
tierter Stabilisierungspolitik!

5. Gerd Kübler: **W a s   s a g t   m i r   d e r   W i r t s c h a f t s -
t e i l   e i n e r   Z e i t u n g**

a) Geben Sie Beispiele für einige Erkenntnisse, die man aus der Bilanz
eines Unternehmens gewinnen kann!

b) Worin bestehen die Ziele der Wirtschaftspolitik nach dem Stabilitäts-
gesetz? Zwischen welchen Zielen treten oft Konflikte auf?

6. Günter Poser: **W i r t s c h a f t s p o l i t i k :   E i n e   E i n -
f ü h r u n g**

a) Auf welche Weise ist staatliche Nachfragesteuerung möglich?

b) Über welche Eingriffsmöglichkeiten verfügt die Wettbewerbspolitik in
der Bundesrepublik?

1985/1  1. Willy Brandt (Hrsg.):  H i l f e   i n   d e r   W e l t k r i s e

   a) Welche Maßnahmen zur Verbesserung der Nahrungsmittelversorgung in Ent-
      wicklungsländern werden von der Kommission vorgeschlagen?

   b) Wie könnten die Rohstofferlöse der Entwicklungsländer stabilisiert
      oder ein besserer Ausgleich für Exporterlösschwankungen geschaffen
      werden?

2. Milton und Rose Friedman:  C h a n c e n ,   d i e   i c h   m e i n e

   a) Welche ökonomischen Gründe sprechen für einen freien internationalen
      Handel?

   b) Welche historischen Beispiele werden für die unterschiedliche Lei-
      stungsfähigkeit von Marktwirtschaft und Planwirtschaft angeführt?

3. Horst Friedrich:  G r u n d k o n z e p t i o n e n   d e r   S t a -
                     b i l i s i e r u n g s p o l i t i k

   a) Beschreiben Sie die unterschiedlichen Haltungen bezüglich der Notwen-
      digkeit einer Stabilisierungspolitik!

   b) Skizzieren Sie die hauptsächlichen Inflationserklärungen!

4. Klaus Herdzina:  W e t t b e w e r b s p o l i t i k

   a) Welche Funktionen hat der Wettbewerb in der Marktwirtschaft?

   b) Durch welche Merkmale läßt sich die Marktstruktur beschreiben?

5. Walter Huppert:  S o z i a l p o l i t i k   -   S t o l z   d e r
                    N a t i o n

   a) Welche Maßnahmen kennzeichnen die Hauptepochen der deutschen Sozial-
      politik?

   b) Wie sind die betrieblichen Sozialpläne bei Massenentlassungen zu beur-
      teilen?

6. Michael Jungblut (Hrsg.):  K r i s e   i m   W u n d e r l a n d

   a) Welche unterschiedlichen Diagnosen bezüglich der Ursachen der gegen-
      wärtigen Unterbeschäftigung werden gestellt?

   b) Welche Vorschläge werden von der Unternehmerseite zur Wiederherstel-
      lung eines hohen Beschäftigungsstandes gemacht?

1985/2  1. Willy Brandt (Hrsg.):  H i l f e   i n   d e r   W e l t k r i s e

   a) Wie könnte der Fluß von Privatkapital in Entwicklungsländer gefördert
      werden?

   b) Durch welche Reformen im Bereich des GATT könnten die Exportchancen
      der Entwicklungsländer verbessert werden?

2. Milton und Rose Friedman:  C h a n c e n ,   d i e   i c h   m e i n e

   a) Welche Funktionen erfüllen die Preise in einer Marktwirtschaft?

   b) Wie interpretiert Friedman den Verlauf der Weltwirtschaftskrise nach
      1929?

3. Horst Friedrich:  G r u n d k o n z e p t i o n e n   d e r   S t a -
                     b i l i s i e r u n g s p o l i t i k

   a) Erläutern Sie den Unterschied zwischen zyklusorientierter und kompensatorischer Fiskalpolitik!

b) Beschreiben Sie die Hauptelemente einer Konjunkturerklärung!

4. Klaus Herdzina: W e t t b e w e r b s p o l i t i k

a) Was bedeutet das Konzept des "funktionsfähigen Wettbewerbs"?

b) Skizzieren Sie den Hauptinhalt des deutschen "Gesetzes gegen Wettbewerbsbeschränkungen"!

5. Walter Huppert: S o z i a l p o l i t i k - S t o l z  d e r
N a t i o n

a) Worin liegen die Hauptursachen für die Finanzierungsprobleme der Sozialversicherung?

b) Nach welchen Prinzipien müßte ein lebensfähiges System der sozialen Sicherung aufgebaut sein?

6. Michael Jungblut (Hrsg.): K r i s e  i m  W u n d e r l a n d

a) Wie ist die sogenannte Kostenexplosion im Gesundheitswesen zu erklären?

b) Welche gegensätzliche Beurteilung erfährt die von der Bundesregierung betriebene Konsolidierung des Haushalts?

FRAGEN ZUR LANDESKUNDE

1983/1  Behandeln Sie insgesamt zwei der hier gestellten Themen. Beachten Sie dabei, daß jeweils nur a)  o d e r  b) eines Titels behandelt werden kann.

1. Martin und Sylvia Greiffenhagen: E i n  s c h w i e r i g e s
V a t e r l a n d

a) Auch in der Bundesrepublik Deutschland ist die Arbeitslosigkeit zur Zeit das Hauptproblem. Welche Gefahren für die Demokratie sehen darin die Verfasser? Welche Mittel setzen andere Staaten (z.B. Ihr Heimatland) zur Bekämpfung der Arbeitslosigkeit ein? Könnten diese Methoden für die Bundesrepublik Deutschland richtungsweisend sein?

b) "Die Grünen" bedeuten für die großen Parteien einen Zwang zur deutlicheren Artikulation im Blick auf die Frage Alte oder Neue Politik. Definieren Sie die Begriffe "Alte" und "Neue" Politik und nehmen Sie zu der Aussage Stellung!

2. Sebastian Haffner: A n m e r k u n g e n  z u  H i t l e r

a) Welche "Fehler" soll nach Meinung des Autors Hitler begangen haben? Sind Ihrer Meinung nach Hitler und die Verbrechen des Nazi-Faschismus ohne diese "Fehler" denkbar? Kann man die "Fehler" und "Irrtümer" der Nazis von ihren "Verbrechen" trennen, wie es Haffner tut?

b) Der Autor: "Ebensogut wie den Krieg könnte man den Stuhlgang zum Verbrechen erklären." Warum spricht der Autor damit Hitler von jeglichen Kriegsverbrechen frei? Wie begründet er dies im einzelnen? Für welche Verbrechen spricht er ihn dagegen schuldig? Ist eine derartige Trennung (angesichts des historischen Wissens über den Nazi-Faschismus) Ihrer Meinung nach haltbar?

3. Friedrich Hartau: W i l h e l m  II.

a) Welche im Buch enthaltenen Informationen sind Ihrer Meinung nach für eine zeitgenössische Geschichtsdarstellung weniger interessant? Nennen

Sie Beispiele dafür!

b) Wilhelm II. bezeichnete die Armee als "Die große Schule des deutschen Volkes". Welche erzieherischen Vorbilder, welche Tugenden, welche Einstellung zum Kaiser und Staat verlangt er damit von seinen "Untertanen"? Welche Meinung vertreten Sie selbst dem gegenüber?

4. Gisela Krahl (Hg.): W i e  s c h a f f t  i h r  d a s ?

   a) Im Buch werden verschiedene neue Lebenseinstellungen von Frauen dargestellt. Welche halten Sie für besonders interessant, welche würden Sie ablehnen? Begründen Sie Ihre Meinung!

   b) Glauben Sie, daß sich für Ulrike, Elisabeth und Christine durch ihre Interview-Tätigkeit etwas im Leben geändert hat und wenn ja, warum? Begründen Sie Ihre Meinung!

5. Kurt Sontheimer: D i e  v e r u n s i c h e r t e  R e p u b l i k

   a) Sontheimer spricht von einer Stabilität der Institutionen und gesellschaftlichen Strukturen in der Bundesrepublik Deutschland. Er verwendet dabei den Begriff "Modell Deutschland". Wie begründet er das im einzelnen? Könnte die Bundesrepublik Deutschland für Ihr Heimatland einen Modellcharakter haben?

   b) Bei Sontheimer nimmt die "Studentenrevolte" der sechziger Jahre einen wichtigen Stellenwert ein. Welche Folgen für das politische Selbstverständnis der Bundesrepublik Deutschland hatte sie nach Meinung des Autors in den nachfolgenden Jahren? Geben Sie Beispiele aus dem Text!

6. Ingeborg Weber-Kellermann: D i e  d e u t s c h e  F a m i l i e

   a) Charakterisieren Sie die Arbeiterfamilie und die bürgerliche Familie im 19. Jahrhundert und ziehen Sie einen Vergleich.

   b) Im 19. Jahrhundert ist die Familie durch eine patriarchalische Struktur gekennzeichnet. Mit welchen Beispielen aus dem Buch können Sie das belegen? Vergleichen Sie diese Struktur mit der heutigen Ihres Heimatlandes.

1983/2 1. Martin und Sylvia Greiffenhagen: E i n  s c h w i e r i g e s  V a t e r l a n d

   a) Inwiefern läßt sich eine mangelnde nationale Identität aus der Geschichte Deutschlands erklären?

   b) "Wir sind zufrieden!" Trifft diese Aussage auf die politische Situation in der Bundesrepublik Deutschland zu? Nennen Sie Probleme! Wo sehen Sie die größten Schwierigkeiten für die politische Zukunft der Bundesrepublik Deutschland? (Beziehen Sie sich auf Argumente im Buch!)

2. Sebastian Haffner: A n m e r k u n g e n  z u  H i t l e r

   a) Auf welche Thesen stützt Haffner seine "Erfolgs"-/"Mißerfolgs"-Bilanz Hitlers? Welche Rolle weist er dabei den jeweiligen innen- und außenpolitischen Gegnern zu? Wie beurteilen Sie selbst diese Einteilung und die von Haffner daraus gezogenen Schlüsse?

   b) Aus welchen Gründen stempelt der Autor Hitler zum Verbrecher, aus welchen nicht? Wie versucht Haffner diese Trennung zu rechtfertigen? Können die Eroberungsfeldzüge des deutschen Faschismus und die bestialische Ermordung seiner politischen Gegner wirklich nicht, wie Haffner meint, als "Verbrechen" gezählt werden?

3. Friedrich Hartau:  W i l h e l m  II.

   a) Wilhelm II. wollte "erster Diener seines Staates" sein. Wie versuchte
   er, diesen Anspruch zu verwirklichen? Welche staatlichen Ziele hatte
   er vor Augen? Welche Einstellungen erwartete er von seinen "Untertanen"?

   b) Wie kam es zur Abdankung Wilhelms II.?

4. Gisela Krahl (Hg.):  W i e  s c h a f f t  i h r  d a s ?

   a) Die Interviews sprechen oft die Bedeutung der Selbstverwirklichung an.
   Welche Möglichkeiten hat eine Frau, sich selbst zu verwirklichen?
   Geben Sie Beispiele aus dem Buch!

   b) Welche Frau hat Sie am meisten beeindruckt und warum?

5. Kurt Sontheimer:  D i e  v e r u n s i c h e r t e  R e p u b l i k

   a) "Wir brauchen keine andere Republik", resümiert der Autor in seiner
   Bilanz der 30-jährigen Geschichte der Bundesrepublik Deutschland. Mit
   welchen Argumenten (historisch, aktuell) begründet er diese Behauptung, welche Gefahren sieht er? Nehmen Sie kritisch Stellung!

   b) Wie beschreibt Sontheimer die historisch gewandelte Rolle der Intel-
   lektuellen in der Bundesrepublik Deutschland (Bedeutung der "Studentenrevolte"!)? Welche prinzipielle Aufgabe weist er ihnen zu? Was
   meint er, wenn er vielen von ihnen den Verrat ihrer Aufgabe und Funktion in einem demokratischen Rechtsstaat unterstellt?

6. Ingeborg Weber-Kellermann:  D i e  d e u t s c h e  F a m i l i e

   a) Welche Rolle hatte die Frau in der nationalsozialistischen Gesellschaft?

   b) Schildern Sie das Leben der Dienstboten in den bürgerlichen Familien
   des 19. Jahrhunderts!

1984/1  1. Engelmann/Horne/Lohr/Spoo:  A n s p r u c h  a u f  W a h r h e i t

   a) Welche Themenbereiche werden in der Berichterstattung nach Meinung der
   Autoren gar nicht oder einseitig behandelt?

   b) Was wird über die Arbeitsbedingungen der Journalisten und über die Entstehung von Nachrichten ausgesagt? Welche Gefahren sehen die Autoren
   für das Informationsrecht der Bürger?

2. Gisela Krahl (Hg.):  W i e  s c h a f f t  i h r  d a s ?

   a) "Emanzipation heißt Doppelbelastung". Nehmen Sie dazu Stellung,
   indem Sie Beispiele aus dem Buch heranziehen.

   b) Einige Frauen nehmen eine kritische Haltung zum Heiraten ein. Erörtern
   Sie die Gründe!

3. Klaus Mann:  M e p h i s t o

   a) Was haben Sie aus dem Buch über das Theater in Deutschland erfahren?

   b) Kennzeichnen Sie Hendrik Höfgen in seinem Verhältnis zwischen Theater
   und politischer Macht!

4. Ernst Toller:  E i n e  J u g e n d  i n  D e u t s c h l a n d

   a) Skizzieren Sie den Lebensweg Ernst Tollers und nennen Sie im besonderen
   die Gründe für seine Auflehnung gegen das alte System!

b) Welche Rolle spielte Ernst Toller in der Revolution 1918? Wie begründet er das Scheitern der Revolution?

5. Ingeborg-Weber-Kellermann: D i e   d e u t s c h e   F a m i l i e

a) Vergleichen Sie die Familie im Nationalsozialismus mit der "modernen Familie"!

b) Welche Rolle hatte die Frau im 19. Jahrhundert in der Arbeiterfamilie und welche in der bürgerlichen Familie?

6. John Heartfield: K r i e g   i m   F r i e d e n
(Das Buch darf in der Prüfung benutzt werden!)

a) "John Heartfields Montagen aus 'Krieg im Frieden' sind aktuell geblieben - erschreckend aktuell!" Welche Fotomontagen bestätigen diese Aussage am besten? Begründen Sie Ihre Meinung!

b) Auf welche Weise kritisiert Heartfield politische Ereignisse? Beschreiben Sie das anhand von mindestens zwei Fotomontagen!

1984/2  1. Engelmann/Horne/Lohr/Spoo: A n s p r u c h   a u f   W a h r h e i t

a) Das Buch stellt das Problem der Meinungsfreiheit ausschließlich aus gewerkschaftlicher Sicht dar. Halten Sie dies - gerade wenn es um den "Anspruch auf Wahrheit" geht - für berechtigt?

b) "Jede Beschränkung der Informationsfreiheit tastet die Demokratie an". Diskutieren Sie den Satz anhand der mitgeteilten Informationen!

2. Gisela Krahl (Hg.): W i e   s c h a f f t   i h r   d a s ?

a) "Ich bin aggressiv gegen Leute, die meinen, daß Hausfrau zu sein, keine vollwertige Beschäftigung ist." Wie stehen Sie zu dieser Auffassung? Glauben Sie, daß sich eine Hausfrau selbstverwirklichen kann?

b) Wie stehen die interviewten Frauen zur Kindererziehung? Welche Forderungen richten sie dabei an ihre männlichen Partner? Nennen und diskutieren Sie zwei Beispiele!

3. Klaus Mann: M e p h i s t o

a) Welche soziologischen und geistigen Milieus haben die Karriere des Schauspielers Höfgen ermöglicht?

b) Beschreiben Sie wichtige Stationen im Leben des Schauspielers Höfgen!

4. Ernst Toller: E i n e   J u g e n d   i n   D e u t s c h l a n d

a) Ernst Toller wird allgemein als humanitärer Pazifist charakterisiert. Trifft diese Bezeichnung Ihrer Meinung nach wirklich auf Ernst Toller zu?

b) Welche Hoffnungen hatte Ernst Toller und welche Enttäuschungen mußte er erleben?

5. Ingeborg Weber-Kellermann: D i e   d e u t s c h e   F a m i l i e

a) Die moderne Familie: Im Widerspruch zwischen neuen Denkstrukturen und altem Rollenverhalten?

b) Schildern Sie das Leben von Arbeiterkindern im 19. Jahrhundert!

6. John Heartfield: K r i e g   i m   F r i e d e n
   (Das Buch darf in der Prüfung benutzt werden!)

   a) Das erklärte Ziel Heartfields war, den Krieg zu verhindern. Interpretieren Sie dazu ausgewählte Fotomontagen aus dem Buch!

   b) Wie charakterisiert Heartfield den Nationalsozialismus und Adolf Hitler?

1. Joseph Huber: W e r   s o l l   d a s   a l l e s   ä n d e r n .

   a) Zeigen Sie anhand von Beispielen aus dem Buch, aus welchen Anlässen und mit welchen Motiven sich Leute an alternativen Bewegungen beteiligen!

   b) "Etablierte" und "Aussteiger" - zwei Typisierungen, die der Autor oft verwendet. Wie wird dabei der "Etablierte" charakterisiert, wie der "Aussteiger"?

2. Margit Frackmann (u.a.): N u l l   B o c k   o d e r   M u t   z u r
   Z u k u n f t

   a) Welche Bedeutung hat Freizeit für die Jugendlichen? Welche Freizeitmöglichkeiten nutzen sie? Welche Hindernisse haben sie dabei zu überwinden?

   b) Die Autoren sprechen von einer "Umbruchsituation" in der Bundesrepublik. Was verstehen sie darunter? Wie reagieren die Jugendlichen darauf? Nennen Sie Beispiele!

3. John Heartfield: K r i e g   i m   F r i e d e n
   (Das Buch darf in der Prüfung benutzt werden!)

   a) Welche Hauptthemen verarbeitet John Heartfield in seinen Fotomontagen zur Zeitgeschichte? Beantworten Sie die Frage, indem Sie mindestens zwei Fotomontagen näher vorstellen und interpretieren.

   b) Welche Ereignisse im Ausland erwecken Heartfields besonderes Interesse? Zeigen Sie anhand von mindestens zwei ausgesuchten Fotomontagen, welche Haltung Heartfield zu diesen Ereignissen einnimmt.

4. Karl Moersch: S i n d   w i r   d e n n   e i n e   N a t i o n ?
   Die Deutschen und ihr Vaterland.

   a) Welche Unterschiede sehen Sie, wenn Sie die Beziehungen zwischen der Bundesrepublik Deutschland und der DDR mit den Beziehungen zwischen der Bundesrepublik und Ihrem Heimatland vergleichen? Berücksichtigen Sie dabei vor allem den politischen, wirtschaftlichen und kulturellen Bereich!

   b) Der Autor unterscheidet zwischen den Begriffen "Staat" und "Nation". Erläutern Sie, warum im Deutschen diese Begriffe nicht identisch sind und begründen Sie Ihre Meinung dazu!

5. Eckhard Siepmann (Hrsg.): B I K I N I - D i e   f ü n f z i g e r
   J a h r e

   a) Im Buch nimmt der politische Protest gegen die Wieder- und Atombewaffnung einen breiten Raum ein. Schildern Sie Ursachen, Verlauf und Ergebnis mindestens einer dieser Protestbewegungen!

   b) Den Autoren könnte der Vorwurf gemacht werden, sie würden die Geschichte der Bundesrepublik in den fünfziger Jahren politisch einseitig beschreiben. Halten Sie diesen Einwand für gerechtfertigt? Nennen Sie Beispiele aus dem Buch!

6. Ernst Toller: E i n e   J u g e n d   i n   D e u t s c h l a n d

a) Beschreiben Sie in groben Zügen die Entwicklung des Autors vom Kriegs-
   freiwilligen zum Pazifisten! Nennen und kommentieren Sie mindestens
   zwei Lebensabschnitte, die Ihnen besonders wichtig erscheinen!

b) Was haben Sie durch den Autor von der Bayerischen Räterepublik erfahren? Welche Rolle spielt Ernst Toller selbst in dieser Zeit?

1985/2 1. Joseph Huber: W e r   s o l l   d a s   a l l e s   ä n d e r n .

a) "Alternativ sein" heißt immer auch, neue Lebens- und Arbeitsformen zu
   entwickeln. Welche beschreibt der Autor? Worin unterscheiden sie sich
   von herkömmlichen Lebens- und Arbeitsformen?

b) Worin sind die Gründe zu sehen, warum alternative Projekte oftmals
   sehr schnell scheitern?

2. Margit Frackmann (u.a.): N u l l   B o c k   o d e r   M u t   z u r
                             Z u k u n f t

a) Welche besonderen Schwierigkeiten haben nach Ansicht der Autoren ausländische Jugendliche im Lern- und Arbeitsbereich?

b) Sehen Sie in den Protestbewegungen vieler Jugendlicher eine Gefahr für
   die Demokratie in der Bundesrepublik? Begründen Sie Ihre Meinung anhand von Beispielen aus dem Buch.

3. John Heartfield: K r i e g   i m   F r i e d e n
   (Das Buch darf in der Prüfung benutzt werden!)

a) Wen macht Heartfield in seinen 'Fotomontagen zur Zeitgeschichte' für
   den Aufstieg des Nationalsozialismus verantwortlich? Nehmen Sie hierzu
   Stellung, indem Sie mindestens zwei ausgesuchte Fotomontagen interpretieren!

b) Im Buch wird behauptet: "Heartfields Arbeiten widerlegen die These
   'Kunst und Agitation schließen sich gegenseitig aus.'" Nehmen Sie zu
   dieser Aussage Stellung und belegen Sie Ihre Meinung anhand ausge-
   wählter Fotomontagen.

4. Karl Moersch: S i n d   w i r   d e n n   e i n e   N a t i o n ?
   Die Deutschen und ihr Vaterland.

a) Der Titel des Buches ist nicht ohne Grund als Frage formuliert. Warum
   ist es problematisch, heute die Begriffe "Deutschland" und "deutsche
   Nation" zu verwenden? Nennen Sie einige Gründe, die der Autor dafür
   anführt.

b) Der Autor erläutert, daß zwischen der Bundesrepublik und der DDR eine
   unterschiedliche Auffassung über den Begriff "deutsche Nation" besteht. Zeigen Sie, worin dieser Unterschied liegt, woraus er nach
   1945 entstanden ist und welche Konsequenzen im Verhältnis der beiden
   deutschen Staaten zueinander sich daraus ergeben.

5. Eckhard Siepmann (Hrsg.): B I K I N I - D i e   f ü n f z i g e r
                             J a h r e

a) Die Autoren sprechen von einer "Restaurationsperiode" der Bundesrepublik. Was verstehen sie darunter, welche wichtigen Stationen benennen
   sie?

b) In der Bundesrepublik Deutschland machte in der letzten Zeit die
   "Friedensbewegung" von sich reden. Sehen Sie Parallelen, Unterschiede

zu den im Buch beschriebenen Protestaktionen gegen die Wieder- und Atombewaffnung?

6. Ernst Toller: E i n e   J u g e n d   i n   D e u t s c h l a n d

a) Dichter und Politiker - ein Widerspruch? Begründen Sie Ihre Meinung anhand des Lebensweges von Ernst Toller!

b) Wie kommt es zur Verhaftung Tollers, was erlebt er im Gefängnis, welcher Vergehen wird er angeklagt? Welche Schlußfolgerungen zieht Toller aus seinen Erlebnissen?

## II. KLEINES DEUTSCHES SPRACHDIPLOM

Mündliche Prüfung

THEMEN ZUM FREIEN VORTRAG

**1983/1**
1. Welches Kindheitserlebnis hat Sie besonders beeindruckt?
2. Was würden Sie besonders hervorheben, wenn Sie einen Werbeprospekt für Reisen in Ihr Heimatland verfassen müßten?
3. Stellen Sie sich vor, Sie hätten - wie im Märchen - drei Wünsche frei! Was würden Sie sich wünschen? Begründen Sie Ihre Entscheidung!
4. In vielen Ländern haben Minderheitengruppen in der Bevölkerung große Probleme. Wie ist die Situation in Ihrem Heimatland, welche Entwicklungen zeichnen sich ab?
5. Welche Bildungseinrichtungen für Erwachsene gibt es in Ihrem Land? Von welchen Personenkreisen und mit welchen Zielen werden sie benutzt?

**1983/2**
1. Gibt es typische Verhaltensweisen einer Frau / eines Mannes?
2. Warum stehen viele Jugendliche der Politik skeptisch gegenüber?
3. In vielen Ländern der Welt gibt es Naturreservate, in die Mensch und Technik nicht eindringen dürfen. Welche Bedeutung geben Sie diesen Reservaten?
4. Welche Rückschlüsse auf eine Person lassen sich aus der Art, wie sie sich kleidet, ziehen? Ist in dieser Beziehung gegenüber früheren Zeiten eine Veränderung eingetreten?
5. In der Bundesrepublik ist der Besitz von Waffen durch strikte Gesetze begrenzt. In anderen Ländern gilt Waffenbesitz als ein Symbol persönlicher Freiheit, die man nicht begrenzen sollte. Wie würden Sie sich entscheiden?

**1984/1**
1. Durch welche Verhaltensweisen kann man in seinem eigenen Lebenskreis dem Frieden dienen?
2. Unsere Einstellung zum Leben und zu den Menschen um uns ändert sich im Laufe der Zeit. Bringen Sie dazu Beispiele aus Ihrem Erfahrungskreis!
3. Immer wieder hört man, daß Menschen ihr Leben aufs Spiel setzen, um neue Höchstleistungen zu erbringen (z.B. Bergbesteigungen, Ozeanüberquerungen, Autorennen). Was ist Ihre Meinung dazu?
4. Gibt es in Ihrem Land einen Generationskonflikt? Welches sind dabei die wichtigsten Themen?
5. Wie erklären Sie sich die zunehmende Zahl von Ehescheidungen in den westlichen Industrienationen?

**1984/2**
1. Brauchen wir unbedingt Zeitungen, Rundfunk und Fernsehen nebeneinander? Was bevorzugen Sie persönlich und warum?
2. Das Leben in der Großstadt prägt den Menschen. Was ist Ihrer Meinung nach für Großstädter typisch?
3. Warum interessieren sich so viele Leute für das Privatleben der Prominenten (Millionäre, Adel, Schauspieler, usw.)? Was halten Sie von Zeitungen und Zeitschriften, die sich hauptsächlich mit dieser Thematik befassen?

4. Die meisten Menschen haben große Angst vor Prüfungen aller Art. Warum ist das so? Wie kann man seine Ängste bekämpfen?

5. In den Industrieländern ziehen heutzutage viele Menschen aus den Großstädten aufs Land oder an den Stadtrand. Wie erklären Sie sich das und was sind die Folgen?

1985/1  1. Was denken die meisten Leute in Ihrer Heimat über die Deutschen und die deutsche Situation? Wieweit deckt sich das mit Ihrer Meinung?

2. Wie steht die Gesellschaft in Ihrem Land zu dem Problem "unverheiratete Mutter"? Was ist Ihre Meinung dazu?

3. Welche Bedeutung hat die Musik in Ihrem Leben?

4. Was ist Ihrer Meinung nach vernünftiger und vorteilhafter:  e i n e  Fremdsprache sehr gut zu beherrschen oder  m e h r e r e  fremde Sprachen, sozusagen "zum Hausgebrauch", nur ein wenig zu können? Wägen Sie die Frage an konkreten Situationen ab!

5. Viele Ausländer empfinden Deutschland als ein "kaltes" Land (und sie meinen damit nicht das Klima). Woran liegt das Ihrer Meinung nach? Was für Erfahrungen haben Sie persönlich mit Deutschen gemacht?

1985/2  1. Die Zahl der Familien, in denen die Mutter berufstätig ist und der Vater die Kinder und den Haushalt versorgt, nimmt in der westlichen Welt zu. Wie stehen Sie dazu? Wie ist die Rollenverteilung zwischen Mann und Frau in Ihrem Heimatland? Sollte sich da etwas ändern?

2. Welche Faktoren spielen bei der Wahl eines Berufes eine Rolle?

3. Was kann und sollte man tun, um echte Freundschaft zu finden und zu erhalten? Berücksichtigen Sie dabei auch die unterschiedlichen Begriffe Bekanntschaft, Freundschaft, Liebe!

4. Sehen Sie die Entwicklung des Massentourismus als Fluch oder als Segen für die betroffenen Länder? Begründen Sie Ihre Entscheidung!

5. Stellen Sie sich vor, Sie könnten das Fernsehprogramm bestimmen. Was würden Sie senden, was nicht? Begründen Sie Ihre Auswahl eingehend!

## VORBEREITETES LESEN

1983/1  Das bundesdeutsche Parteiensystem hat heute seine besonderen Vorzüge, gerade weil es elastisch ist und Wachablösungen zuläßt. Es bedarf keiner großen Veränderungen. Was fehlt, ist der Mut der Politiker, die Möglichkeiten dieses Parteiensystems zum Regieren und zur Bändigung von Gruppeninteressen auch voll auszuschöpfen. Dabei gilt es allerdings einen Zweifrontenkampf gegen die bewußten wie die unbewußten Zerstörer der offenen Gesellschaft zu führen: auf der einen Seite jene, die demokratische Institutionen als "Agenturen des Kapitalismus" aus Prinzip verabscheuen, auf der anderen jene, die den Staat als Selbstbedienungsladen mißbrauchen. In  d i e s e r  Mentalität liegt auf die Dauer die größere Gefahr. Der Staat ist ebensowenig wie die Wirtschaft eine Kuh, die im Himmel gefüttert und auf der Erde gemolken wird. Man kann nicht Jahre lang so tun, als sei das Sozialprodukt ein Faß ohne Boden, und zugleich kürzere Arbeitszeit, höhere Löhne und immer mehr staatliche Leistungen - gleichsam zum Nulltarif - fordern.

Nicht die Demokratie als solche hat sich überlebt, sondern der unter Wohlstandsbürgern verbreitete Irrglaube, daß man den Kuchen zugleich essen und ihn behalten kann. Die parlamentarischen Spielregeln sind auch in Krisenzeiten brauchbar; nur die Spieler versagen oft. Nicht die Institutionen müssen sich ändern, sondern die Mentalität. Es wäre viel gewonnen, wenn jeder den Preis zu zahlen bereit wäre, ohne den heute individuelle Freiheit und wirtschaftliche Sicherheit nicht zu haben sind.

Hans Schuster: Bleibt die Bundesrepublik regierbar?

1983/2 Das neunzehnte Jahrhundert erst brachte den Erzfreund und Erzfeind: den Touristen. Der Rhein wurde Ware. Landschaft ließ sich in klingende Münze verwandeln, Landschaft, die eine unersetzliche Eigenschaft bewies: sie war unverschleißbar. Millionen Augenpaare haben den Blick vom Drachenfels ins Rheintal getan: unverändert blieb der Anblick. Millionen Augenpaare blickten von Dampfern aus auf die Ruinen der Raubritterburgen. Ein unersetzliches Panorama, von jedem besungen, der je einen Vers zu schmieden vermochte. Ich weiß nicht, was soll es bedeuten. Starke Männer wurden weich, wenn sie per Dampfer von Bonn bis Rüdesheim durch diese düstere, großartige Urlandschaft fuhren, die der Rhein geformt hat und immer noch beherrscht. Er blieb die Majestät, läßt alles, was an seinen Ufern geschieht, als vorübergehend erscheinen. Wenn die lehmigen Fluten der Hochwasser über Promenaden und Kais in Ausflugslokale steigen, wenn die Anlegebrücken nicht mehr abwärts in freundliche Dampfer führen, ist nur noch das drohende Gemurmel des Wassers zu hören. Alles, was sich an seinen Ufern tut und getan hat, erscheint wie ein Witz, der erst zwei Jahrtausende währt, auch die gewaltigen Industriekulissen, die sich in törichtem Optimismus immer dichter, immer aufdringlicher auftun. Nicht einmal der Industriedreck, der den Rhein zum schmutzigsten Fluß Europas macht, nimmt ihm seine Majestät; er kann sehr wohl schmutzig und majestätisch sein.

Aus: Heinrich Böll, Der Rhein.

1984/1 Ingenieure haben bei Befestigungsarbeiten am Rande der Stadt eine furchtbare Entdeckung gemacht. Sie sprengten eben einen die Zufahrtsstraße bedrohenden Felsen vom Berg, als sich unterhalb der Gesteinswunde ein ungeheures Auge auftat. Zugleich wurden in allen Teilen der Stadt machtvolle Erdstöße verspürt, und seit Stunden schon hallt aus den Rissen im Pflaster ein pumpendes Pochen herauf, als sei im Erdschoß eine Höllenmaschine verborgen. Inzwischen ist die schlimmste aller Befürchtungen Wahrheit geworden: Unsere Stadt wurde auf der Brust eines schlafenden Riesen erbaut; nun haben die Ingenieure ihm eine Braue gesprengt, und er beginnt zu erwachen.

Es sind bereits zahlreiche Kommissionen ernannt worden, die den Auftrag erhielten, das Ohr des Riesen zu finden, um ihm den Wunsch vorzutragen, er möge die Gewogenheit haben, doch noch einige Zeit liegenzubleiben; und die Ingenieure haben vor seinem Auge ein großes Schild angebracht, auf dem sie sich dafür entschuldigen, daß er verletzt worden sei. Er scheint jedoch nicht unsere Sprache zu sprechen; sein Auge blickt starr durch die Inschrift des Schildes hindurch; und auch sein Ohr hat bisher noch keine der Kommissionen entdeckt. So wird nun die Stadt wohl in Kürze vergehen und als bröckelnder Sandstaub an den Gliedern des Riesen herabwehen.

Aus: Wolfdietrich Schnurre: Das Los unserer Stadt

1984/2 Ilse Aichinger: Das Fenster-Theater

Die Frau lehnte am Fenster und sah hinüber. Der Wind trieb in leichten Stößen vom Fluß herauf und brachte nichts Neues. Die Frau hatte den starren Blick neugieriger Leute, die unersättlich sind. Es hatte ihr noch niemand den Gefallen getan, vor ihrem Haus niedergefahren zu werden. Außerdem wohnte sie im vorletzten Stock, die Straße lag zu tief unten. Der Lärm rauschte nur mehr leicht herauf. Alles lag zu tief unten. Als sie sich eben vom Fenster abwenden wollte, bemerkte sie, daß der Alte gegenüber Licht angedreht hatte. Da es noch ganz hell war, blieb dieses Licht für sich und machte den merkwürdigen Eindruck, den aufflammende Straßenlaternen unter der Sonne machen.

Als hätte einer an seinen Fenstern die Kerzen angesteckt, noch ehe die Prozession die Kirche verlassen hat. Die Frau blieb am Fenster.

Der Alte öffnete und nickte herüber. Meint er mich? dachte die Frau. Die Wohnung über ihr stand leer, und unterhalb lag eine Werkstatt, die um diese Zeit schon geschlossen war. Sie bewegte leicht den Kopf. Der Alte nickte wieder. Er griff sich an die Stirne, entdeckte, daß er keinen Hut aufhatte, und verschwand im Innern des Zimmers.

Gleich darauf kam er in Hut und Mantel wieder. Er zog den Hut und lächelte. Dann nahm er ein weißes Tuch aus der Tasche und begann zu winken. Erst leicht und dann immer eifriger. Er hing über die Brüstung, daß man Angst bekam, er würde vornüberfallen. Die Frau trat einen Schritt zurück, aber das schien ihn nur zu bestärken. Er ließ das Tuch fallen, löste seinen Schal vom Hals - einen großen bunten Schal - und ließ ihn aus dem Fenster wehen. Dazu lächelte er.

Aus: Nachricht vom Tag

1985/1 Das Märchen vom "schwachen Geschlecht"

Im Spitzensport werden die Leistungsunterschiede zwischen Männern und Frauen immer kleiner. Die Evas sind auf dem Sprung. Sie haben sich durchgesetzt im Fußballsport, sitzen bei Formel-I-Rennen hinter dem Lenkrad, fühlen sich in der Leichtathletik wie zu Hause und lassen keine Gelegenheit aus, den Herren der Schöpfung zu beweisen, wie falsch es ist, den Sport als Männersache zu betrachten. Sie haben den Männern den Kampf angesagt.

Man darf annehmen, daß sich die Frau eines Tages auch in jenen leichtathletischen Disziplinen Zugang zur olympischen Wettkamparena verschaffen wird, die ihr heute noch verschlossen sind: im Stabhochsprung, Hammerwurf, 5000- und 10 000-Meter-Lauf. Es ist sicherlich das größte Mißverständnis zu meinen, die Mädchen erstrebten im Sport keine Wettkampfleistungen, sondern zweckfreie, schöne Bewegung: nur Gymnastik und Tanz seien daher weibliche Leibesübungen. Heute weiß man, daß bei entsprechendem Training selbst die Marathonstrecke keinerlei Gefahr für Frauen bedeutet. Frauen haben sich im Sport als ausgezeichnete "Dauerleister" empfohlen. In fast allen olympischen Sportdisziplinen haben die Leistungskurven der Frauen - gemessen an denen der Männer - einen viel stärkeren Aufschwung genommen.

Aus: IN - Kulturbrief 9

1985/2 Ich sah ihn zuerst als etwas Dickes, Flinkes, Rosiges und leicht Schwitzendes. Dann hielt er seine runde Hand in meiner und hörte seinen Namen. Es war mir widerlich, ihn anzufassen, und doch mußte ich ihm freundlich zulächeln. Er war nun ein Kollege, zwar nur Assistent und noch unpromoviert, aber doch ein Kollege, mit dem ich auskommen mußte, weil es sich niemand hier leisten kann, den Unwillen von Professor Wilms herauszufordern. Wilms beschafft die meisten Gelder für das Institut, er entscheidet, welches Projekt lebt und welches stirbt. Und für Wilms ist ein gutes Betriebsklima das A und O einer schöpferischen und zugleich effektiven Arbeit, wogegen man schwer etwas einwenden kann, ohne nicht schon außerhalb des Betriebes zu stehen.

Später, als ich ihn gefaßter betrachten konnte, fand ich Harald Otte ziemlich normal aussehend, knapp einsachtzig groß, aber von einer gesunden Dicke, vielleicht neunzig, fünfundneunzig Kilogramm schwer. In seinem Gesicht leuchten rötliche kleine Bäckchen, und seine braunen Augen sind eingesunken, Schweinsäugchen. Auch die Zähne, wenn er den Mund aufmacht, sind klein und an den Hälsen schwarz vom ständigen Pfeiferauchen. Meist trägt er eine abgetragene Wildlederjacke, olivgrüne Jeans und Hush Puppies, superleicht, wie er mir einmal sagte.

Aus: Hugo Dittberner, "Das leere, aufgeräumte Haus", in dem Sammelband "Deutschland, Deutschland" (Hrsg. Jochen Jung)

UNVORBEREITETES LESEN  (entfällt ab Nov. 1986)

1983/1  Höflichkeit

Wenn wir zuweilen die Geduld verlieren, unsere Meinung einfach auf den
Tisch werfen und dabei bemerken, daß der andere zusammenzuckt, berufen wir
uns mit Vorliebe darauf, daß wir halt ehrlich sind. Oder wie man so gerne
sagt, wenn man sich nicht mehr halten kann: Offen gestanden! Und dann, wenn
es heraus ist, sind wir zufrieden: denn wir sind nichts anderes als ehrlich
gewesen, das ist ja die Hauptsache, und im weiteren überlassen wir es dem
anderen, was er mit den Ohrfeigen anfängt, die ihm unsere Tugend versetzt.

Was ist damit getan?

Wenn ich einem Nachbarn sage, daß ich ihn für einen Hornochsen halte -
vielleicht braucht es Mut dazu, wenigstens unter gewissen Umständen, aber
noch lange keine Liebe, so wenig wie es Liebe ist, wenn ich lüge, wenn ich
hingehe und ihm sage, ich bewundere ihn. Beide Haltungen, die wir wechsel-
weise einnehmen, haben eines gemeinsam: sie wollen nicht helfen. Sie verändern nichts. Im Gegenteil, wir wollen nur die Aufgabe loswerden ...

Das Höfliche, oft als leere Fratze verachtet, offenbart sich als eine Gabe
der Weisen. Ohne das Höfliche nämlich, das nicht im Gegensatz zum Wahrhaf-
tigen steht, sondern eine liebevolle Form für das Wahrhaftige ist, können
wir nicht wahrhaftig sein und zugleich in menschlicher Gesellschaft leben,
die hinwiederum allein auf der Wahrhaftigkeit bestehen kann - also auf der
Höflichkeit.

Aus: Max Frisch, Ausgewählte Prosa

1983/2  Die Dinge, so heißt es, haben kein Leben. Sie sehen und hören nicht, sind
ohne Stimme, ohne Herz. Mein Vater meinte das nicht. "Laß die Schuhe nicht
so stehen", sagte er, "ungeputzt, der Linke rechts, der Rechte links. Das
gefällt ihnen nicht." Er sagte auch: "Das hat er nicht verdient", wenn der
Werkzeugkasten nicht aufgeräumt war. Er selber ging mit allem, was ihm gehörte, vom Taschenmesser bis zum Stiefelknecht, wie mit guten Freunden um.
Darum traf sein Hammer jeden Nagel genau auf den Kopf, und wo ein Schlüssel
sich nicht im Schloß herumdrehen wollte, unter meiner Hand, den faßte er nur
leicht an, schloß auf, schloß zu. "Warum quälst du ihn?" Davon ist mir manches geblieben.

Von den Sachen, die wie ich in dieser Stube ihre Zeit verbringen, kennen
mich die meisten schon lange. Sie haben Augen und Ohren, mit denen sie mich
beständig ansehen und an meinen Selbstgesprächen teilnehmen. Alle warten

darauf, daß ich etwas von ihnen will, daß ich sie benutze: die Schere, die
Briefwaage, die Bücher. Die vor allem. So höflich und geduldig ist kein
Mensch, so ausdauernd im Warten.

Aus: Richard Wolf, Die Reise in den Abend

1984/1  Unfähig, aus eigener Kraft zu leben, mußte ich in das Heim der Eltern zurückkehren. Mein Vater hatte seine Fabrik, mit Maschinen und Kapital, in
das neue Land überführt, und unter den Händen der Mutter war im Innern des
neuen Hauses die vertraute Wohnstätte hervorgewachsen. Ich kam als verlore-
ner Sohn, dem man die Gnade einer Bleibe bot. Eine Mappe mit Zeichnungen,
ein paar Hefte mit Notizen waren mein einziger Besitz. Meine Bilder, die ich
meiner Mutter anvertraut hatte, waren nicht mehr vorhanden. Als sie den Umzug in die Wege leitete, hatte sie meine Bilder in den Keller getragen, mit
einer Axt zerschlagen und im Ofen verbrannt. Sie erklärte diese Vernichtung
als eine Schutzmaßnahme. Sie hatte gefürchtet, daß meine düsteren, unheimlichen Bilder das Mißtrauen der Grenzbehörden wecken würden. Sie hatte das
Heim gerettet, die Bilder, Ausdruck einer Krankheit, mußten geopfert werden.

Ich kehrte in dieses Heim zurück, und die einzigen Zeichen meiner Stärke
waren mir geraubt worden. Mit ihren eigenen Händen hatte sie die Bilderwelt
meiner Jugendjahre vernichtet. Mit dieser Vernichtung hatte sie sich von
der Drohung befreit, die diese Bilder auf die Ordnung ihres Heims ausgeübt
hatten. Mit leeren Händen, wie ein Landstreicher, stand ich da. Ich hatte
keine andere Wahl, als in die Fabrik meines Vaters einzutreten.

Aus: Peter Weiss, Abschied von den Eltern

1984/2  Wenn im ersten Licht des frühen Morgens über der wilden, brüllenden, dampfen-
den Stadt noch Stille liegt, gehen die Bettelmönche gemessenen Schritts
durch die Straßen und Gassen. Sie tragen in der Hand das Gefäß, in dem sie
Reis und Früchte sammeln. Vor den Häusern werden sie meist schon von den
Frauen erwartet. Die Szene bleibt stumm. Die Mönche nehmen unbewegt die
Gaben in Empfang. Die Frauen bedanken sich mit aneinandergelegten Händen
und hoheitsvoller Verbeugung. Die Mönche gehen wortlos weiter. Ich kenne
keinen Ort auf der Welt, wo sich das Betteln, Geben und Nehmen, in ähnlicher
Weise vollzieht.
Es gibt kaum eine Reise, nah oder fern, auf der sich die Bettel-Frage nicht
in immer neuen Variationen stellt. Und doch wird das Thema entweder verdrängt und verschwiegen oder es erscheint in den Reiseerzählungen verklärt
als exotisches Erlebnis am Rande. Dabei ließen sich auch in der Bundesrepublik einschlägige Erfahrungen sammeln. Die abgerissenen Straßenmusikanten,

die Pflastermaler, der "Haftentlassene ohne Arbeit", die Gestrandeten auf
der Parkbank mit der Flasche Wein aus dem Sonderangebot des Supermarkts.

Das Verhalten der Vorübergehenden wird sich vermutlich an Stimmungen orientieren. Dem einen gibt man, dem anderen gibt man nichts. Man klammert sich
an den gütigen Gedanken der öffentlichen Fürsorge; das gute Gewissen hält
für alle Wechselfälle des Lebens eine Fülle von selbstbetrügerischen Ab-
wehrmechanismen parat.

Hans Scherer: "Allen Bettlern dieser Welt", aus: FAZ, 30.5.84

1985/1 Sie sahen ihn schon von weitem auf sich zukommen, denn er fiel auf. Er hatte
ein ganz altes Gesicht, aber wie er ging, daran sah man, daß er erst zwanzig
war. Er setzte sich mit seinem alten Gesicht zu ihnen auf die Bank. Und dann
zeigte er ihnen, was er in der Hand trug. Das war unsere Küchenuhr, sagte er
und sah sie alle der Reihe nach an, die auf der Bank in der Sonne saßen. Ja,
ich habe sie noch gefunden. Sie ist übriggeblieben. Er hielt eine runde
tellerweiße Küchenuhr vor sich hin und tupfte mit dem Finger die blaugemal-
ten Zahlen ab. Sie hat weiter keinen Wert, meinte er entschuldigend, das
weiß ich auch. Und sie ist auch nicht besonders schön. Sie ist nur wie ein
Teller, so mit weißem Lack. Aber die blauen Zahlen sehen doch ganz hübsch
aus, finde ich. Die Zeiger sind natürlich nur aus Blech. Und nun gehen sie
auch nicht mehr. Nein. Innerlich ist sie kaputt, das steht fest. Aber sie
sieht noch aus wie immer. Auch wenn sie jetzt nicht mehr geht. Er machte
mit der Fingerspitze einen vorsichtigen Kreis auf dem Rand der Telleruhr
entlang. Und er sagte leise: Und sie ist übriggeblieben. Die auf der Bank
in der Sonne saßen, sahen ihn nicht an. Einer sah auf seine Schuhe, und die
Frau sah in ihren Kinderwagen. Dann sagte jemand: Sie haben wohl alles verloren? Ja, ja, sagte er freudig, denken Sie, aber auch alles!

Aus: Wolfgang Borchert, Die Küchenuhr

1985/2 Zurück zu unserem Problem *was können wir tun, um unserer Zukunft wieder*
*Chancen zu geben.* Laßt uns das mit unseren Kindern *gemeinsam* überlegen. Die
Jungen haben mehr Phantasie als wir. Sie sprühen vor Ideen. Das erkennen
wir an den originellen Einfällen jugendlicher Friedeninitiativen. Stehen wir
ihnen mit Durchhaltevermögen und Besonnenheit bei, so können sie uns Elan
und Begeisterung abgeben, vor allem aber Hoffnung. Hoffnung im Überfluß.
Die brauchen wir - unendlich viel.

Aber ist es nicht aussichtslos, das Leben verteidigen zu wollen angesichts
der Gefahren, die uns von allen Seiten bedrängen? Die Kriegsgefahr, die
Übervölkerung der Erde, die Zerstörung der Natur, die Manipulierbarkeit der

Gene, um nur einige zu nennen? Nein, nicht wieder die Angst hochkriechen lassen, nicht gleich wieder von sinnlosem Bemühen reden. Die Gefahren sind ja menschlichen Ursprungs, also müssen sie auch durch menschliche Kräfte bannbar sein.

Ändern wir uns. Ändern wir uns in kleinen, aber schnellen Schritten. Lassen wir die Frage *welchen Profit bringt mir dies oder das?* unwichtig werden. Lassen wir uns materielles Wohlergehen nicht mehr so sehr am Herzen liegen. Kümmern wir uns mehr um das Wohl der Menschen, mit denen wir zu tun haben ... Bauen wir Feindbilder ab. Üben wir uns darin, Verantwortung zu übernehmen für die Natur und unsere Nachkommen. Lernen wir, uns auf Utopien zuzubewegen, ohne uns lächerlich vorzukommen. Es könnte ja sein, daß wir sie tatsächlich erreichen und sie in Realitäten verwandeln, zum Beispiel die Utopie *Frieden.*

Gudrun Pausewang, Aus der Rede anläßlich der Verleihung des Gustav-Heinemann-Friedenspreises für ihr Jugendbuch "Die letzten Kinder von Schewenborn", in "Die Zeit", Nr. 2/1985, S. 23

DIKTAT

1983/1  Zuweilen kann ich mich nicht leiden. Wie einem das schon mal bei Menschen geht, mit denen man ununterbrochen zusammen sein muß. Es fällt mir dann schwer, noch irgendein gutes Haar an mir zu finden. Meine schlechten Eigenschaften sind zahlreich und nicht umstritten. Ich bin faul. Wenn ich einen ganzen Tag hindurch nichts tue, habe ich nicht eine einzige Sekunde Langeweile und nicht ein einziges Mal das Bedürfnis zu arbeiten. Ich habe keine Willenskraft. Bis zum heutigen Tag habe ich noch nicht einmal den Versuch gemacht, mir das Rauchen abzugewöhnen. Den Vorwurf, nicht mit Geld umgehen zu können, weise ich zurück. Man kann nicht mit etwas umgehen, das man nicht hat. Zu meiner unentwickelten Willenskraft gehört auch, daß ich mich durch fröhliche Bekannte jederzeit von der Arbeit abhalten lasse und mich selten aufraffen kann, unangenehme Briefe zu schreiben. Ich bin feige. Ich habe eine panische Angst vor Sprengstoffen, Beamten mit Aktenmappen, wilden Pferden, Revolvern, auch ungeladenen, Spinnen, Nachtfaltern, Lokalpatrioten, Zimmervermieterinnen, Fanatikern mit und ohne Weltanschauung. Ganz große Angst habe ich vor Krieg und Atombomben. Ich unterhalte mich furchtbar gern mit Leuten, die aus sicherster Quelle wissen, daß ein Krieg unter gar keinen Umständen kommen kann. Manchmal versuche ich, mich zu ändern. Aber wenn ich dann merke, daß ich mich mit meinen Besserungsversuchen zu sehr belästige und verstimme, gebe ich sie auf.

Aus: Irmgard Keun, "Porträt einer Frau mit schlechten Eigenschaften"

1983/2  Unsere Gegenwart ist bestimmt durch große Hast und Eile. Die Reisenden fahren im Zug, Auto oder Omnibus durch das Land. Es ist nicht verwunderlich, daß sie dadurch ein neues Verhältnis nicht nur zu Raum und Zeit, sondern auch zu dem gewinnen müssen, was sie umgibt. Wer das Land als Wanderer durchstreifte oder mit der Postkutsche durchfuhr, mußte ein anderes Bild der Welt finden als der, der von modernen Verkehrsmitteln aus die Dinge und Erscheinungen sieht, die sich für viele oft recht wenig von dem unterscheiden, was sich ihnen auf der Filmleinwand, auf dem Fernsehschirm oder auf den Seiten der illustrierten Blätter darbietet. Das, was wir modernes Lebensgefühl nennen, muß naturgemäß auch das Landschaftserlebnis empfindlich beeinträchtigen. Es sind also zunächst mancherlei in uns selbst liegende Motive, die die überlieferte Form des Landschaftsempfindens gefährden müssen.

Von anderer Art sind die Gefährdungen der Landschaft, die von außen kommen. Sie sind jedem Reisenden vertraut: Jahr um Jahr tauchen neue Straßen auf, spannen sich über gewisse Landstrecken immer dichtere Netze von elektrischen Leitungen. Die mit unserer Zivilisation zusammenhängenden Bauwerke, beispielsweise Kraft- und Stauwerke, Kanäle und Schleusen, verändern auch bisher noch heile und unversehrte Landschaften. Hundertfältig sind die Verwandlungen in einem Zeitalter, in dem moderne Maschinen in kurzer Frist hier einen Hügel abtragen, um an anderer Stelle einen neuen aufzuschütten. All das hängt tief mit der Gesamtwandlung unserer Erde zusammen.

Aus: Otto Heuschele "Glückhafte Reise"

1984/1 Es kränkt mich, daß man mich bemitleidet, weil ich kein Auto habe, sondern nur ein Fahrrad. In der Tat wünsche ich mir kein Auto. Ich leugne nicht, ein im Technischen unbeholfener Mensch zu sein; das Rad indessen übersehe ich vollständig oder kann mich wenigstens verhalten, als täte ich es. Ich habe wundervoll wenig mit Schmieröl zu tun. Es kann nicht geschehen, daß ich im Herbstschmutz der Landstraße auf dem Bauche liege und vergeblich zu erforschen versuche, warum mein munteres Fuhrwerk plötzlich alle Bewegungslust und -fähigkeit einbüßte. Geringe Instandsetzungen, etwa Schlauchflicken, kann ich selbst vornehmen. Die Wahrheit zu sagen, tu ich es fast nie. Jedes Dorf hat heute einen Mechaniker, die Kosten sind gering.

Manche reden von den Schwierigkeiten des Radfahrers, sich im Autostrom belebter Straßen ungefährdet zu behaupten. Mir ist es eine Freude, von Autos bedroht und gejagt zu werden und ihnen dennoch zu entwischen, weil ich kleiner und wendiger bin. Ich spiele die Rolle des Flohs, des winzigen, flinken, humoristischen Gesellen unter den plumpen und täppischen Menschenpranken. Bekanntlich kann der Floh nicht gefangen werden, es sei denn, man überliste ihn. Aber wie sollten sie mich überlisten, die grobschlächtigen Tatzen der Lastwagen und Postautobusse?

Aus: Werner Bergengruen, "Badekur des Herzens" (gekürzt)

1984/2 Obwohl wir alle Egoisten sind, haben nur wenige gelernt, das Beste für sich daraus zu machen. Die meisten Menschen klammern sich an die fixe Idee, diese Welt würde von Liebe und Freundschaft, von Ehrlichkeit, Verständnis und gegenseitigem Respekt beherrscht. Der Gedanke allein, zuallererst an sich selbst zu denken, löst bei vielen schon Schuldgefühle aus. Sie sagen: "Wo kämen wir denn hin, wenn alle Menschen Egoisten wären?" Die Antwort lautet: Wenn sich jeder mehr um sich selbst kümmerte als um die anderen, gäbe es weniger unglückliche Menschen. Es gäbe nicht so viele, die ihre Zeit damit vergeuden, anderen die Verantwortung für ihre Unzufriedenheit in die Schuhe zu schieben.

Wer nicht bereit ist, sein Leben selbst zu bewältigen und das persönliche Glück mit Zähnen und Krallen gegen andere zu verteidigen, die ihn daran hindern wollen, hat nicht die geringste Chance, daß sein Leben ihm Erfüllung bringt. Es mag für einige Zeit Befriedigung bringen, unsere Ideen, unsere ganze Arbeitskraft und unseren Leistungswillen für Ziele einzusetzen, die andere festgelegt haben. Wenn wir aber nichts mehr zu geben haben, wird sich niemand mehr um uns kümmern. Der Fortschritt mag unsere Gesellschaft weiterbringen. Doch was hat der einzelne davon, wenn er vorzeitig auf der Strecke bleibt? Ein Schicksal, das jeden von uns an jedem Tag bedroht.

Aus: Josef Kirschner, "Die Kunst, ein Egoist zu sein"

1985/1 Da ist das Schulbild, sehr gut erhalten. Die Jahreszahl ist angegeben, es ist genau sechzig Jahre her, daß es aufgenommen wurde. Man sieht schräg in das Klassenzimmer hinein. Fünf oder sechs Reihen blanker Pultbänke, an jedem Platz ein eingebautes Tintenfaß. Meist sitzen drei in einer Bank, manchmal nur zwei. Man kann zweiundzwanzig Schüler zählen, es war die erste Vorschulklasse. Rückwärts im Mittelgang steht der Lehrer, mit gepflegtem, spitzgeschnittenem Vollbart, das Jackett offen, so daß man die helle Weste und die doppelte Uhrkette sehen kann, ein würdiger Mann, es war Herr Schauß, er spielte auch die Orgel in der Hauptkirche. Die Wände sind kahl, zur halben Höhe mit grauer Ölfarbe gestrichen, darüber geweißt, aber das Weiß ist schon unansehnlich, über dem Heizkörper in der Ecke zieht sich ein breiter dunkler Streifen hinauf. An der Rückwand zwei einfache Schränke. Von der Decke hängen vier Gaslichter, der Arm hält jeweils einen Brenner, man sieht nur die milchweißen Schirme, die Glaszylinder ragen hervor. Alle Schüler haben ein aufgeschlagenes Buch vor sich, blicken aber nicht hinein, vielmehr aus dem Bild heraus zum Betrachter, zum Photographen. Einige, deren Plätze weiter entfernt sind, wurden geheißen, in der Bank aufzustehen, damit man sie ebenso gut erkenne wie die vorne sitzenden.

Aus: Dolf Sternberger, Über den Tod

1985/2 Jedesmal wenn ich im Gespräch jüngeren Freunden Episoden aus der Zeit vor dem ersten Kriege erzähle, merke ich an ihren erstaunten Fragen, wieviel für sie schon historisch oder unvorstellbar von dem geworden ist, was für mich noch selbstverständliche Realität bedeutet. Und ein geheimer Instinkt in mir gibt ihnen recht: zwischen unserem Heute, unserem Gestern und Vorgestern sind alle Brücken abgebrochen. Ich selbst kann nicht umhin, mich zu verwundern über die Fülle, die Vielfalt, die wir in den knappen Raum einer einzigen - freilich höchst unbequemen und gefährdeten - Existenz gepreßt haben, und schon gar, wenn ich sie mit der Lebensform meiner Vorfahren vergleiche. Mein Vater, mein Großvater, was haben sie gesehen? Sie lebten jeder ihr Leben in der Einform. Ein einziges Leben vom Anfang bis zum Ende, ohne Aufstiege, ohne Stürze, ohne Erschütterung und Gefahr, ein Leben mit kleinen Spannungen, unmerklichen Übergängen; in gleichem Rhythmus, gemächlich und still, trug sie die Welle der Zeit von der Wiege bis zum Grabe. Sie lebten im selben Land, in derselben Stadt und fast immer sogar im selben Haus; was außen in der Welt geschah, ereignete sich eigentlich nur in der Zeitung und pochte nicht an ihre Zimmertür.

Aus: Stefan Zweig, Die Welt von Gestern


Schriftliche Prüfung

ERKLÄRUNG EINES TEXTES NACH INHALT UND WORTSCHATZ

1983/1 *In den westlichen Industrieländern wächst die Forderung nach einer Verkürzung der Arbeitszeit, um so eine Möglichkeit zur Beseitigung der Arbeitslosigkeit zu finden. Der Verfasser des folgenden Beitrags hat sich mit verschiedenen Perspektiven beschäftigt, aus denen man Zeit betrachten kann:*

Die Zeit rast. Mancher läuft ihr nach, ein anderer muß sie vertreiben, dieser schlägt sie tot, jenem wird sie gestohlen. Im allgemeinen denkt man wenig über die Zeit nach. Dazu hat man keine. Immerhin, wir ahnen: Sie ist der Rohstoff des Lebens, und ihr Wert steigt, je älter wir werden, indes

5  die Kinder die Zeit verwünschen, die es noch bis zum Geburtstag dauert. So
wird Zeit zuerst subjektiv empfunden. Ein jeder fühlt sich anders in ihr,
meint, er habe zu viel oder zu wenig davon.

Zeit ist Geld. Jeder kennt diese Gleichung. In der Zeit kann man Geld ver-
dienen. Mit dem Geld kann man Dinge kaufen. Aber hier haben die Ökonomen,
10 wenn sie die Zeit betrachten, ihr Pulver schon verschossen. Sie denken an
Produzieren, Verteilen, Konsumieren - alles Vorgänge, die Zeit verbrauchen,
vor allem aber Geld bewegen. Geld ist der Treibstoff der Wirtschaft. Aber
was geschieht nach dem Kauf mit dem gekauften Gut? Nur wenige Ökonomen haben sich mit der Bedeutung der Zeit für die Nutzung von Gütern beschäftigt.
15 Den meisten ist sie einfach "Freizeit", und um Freizeit braucht man sich
nicht zu kümmern.

Eine Zivilisation ist entweder reich an Gütern, oder sie ist reich an Zeit.
Wohlstand kann niemals total sein. Denn nicht nur das Produzieren, auch das
Konsumieren von Waren muß in der Zeit geschehen, und wo viel Waren sind,
20 konkurrieren sie um beschränkte Benutzungszeit. Niemand kann gleichzeitig
Tennis spielen, Rasen mähen, segeln und grillen. Mit wachsendem Wohlstand
muß ja die Zeit immer knapper werden, weil die steigende Güterflut mehr
Konsumzeit verlangt. Woher sie nehmen? Im Reiche der Freiheit, so hatte
Karl Marx prophezeit, werde der Mensch vormittags angeln und nachmittags
25 spazierengehen. Doch die Erzeugung des materiellen Überflusses hat die
Fischwasser mit Industriegiften und Landwirtschaftschemikalien verseucht,
die Angelruten und Angelscheine wurden für viele so erschwinglich, daß der
Fischfang mangels Beute zur reinen Psychotherapie verkommen ist. Das Spazierengehen wiederum entspricht einem Freizeitwunsch aus dem vorigen Jahr-
30 hundert. Von ihm träumte man während überlanger Arbeitszeiten. Heute wäre
die knappe Konsumzeit  mit Spazierengehen schlecht genützt. Was wird unter-
dessen aus Surfboard, Federballgerät, Bohrmaschine, Stereoanlage, Tennis-
schläger, Tischtennisschläger, Crocket-Schläger, Squash-Schläger, Golfschlä-
ger? Gäbe es nicht biologische Wanderschuhe und kostspielige Photoausrü-
35 stungen, es würde kein Mensch mehr nur spazierengehen und schauen. Dafür ist
die Zeit zu kostbar. Die Armen haben keine Uhren, aber viel Zeit. Wir sind
von Uhren umgeben und haben keine Zeit. Wir übersehen, daß die beiden Wäh-
rungen Zeit und Geld nicht völlig frei konvertiert werden können. Geld
unterliegt im Laufe unseres Lebens der Inflation, der Wert der Zeit dagegen
40 steigt. Wer rechtzeitig umwechselt, gewinnt.

Nach: Christian Schütze, Süddeutsche Zeitung, 1. Mai 1982, Seite 125

Bitte lesen Sie zuerst den vorstehenden Text sorgfältig durch!

I. Beantworten Sie die folgenden Fragen - soweit wie möglich - mit eigenen Worten:

1. Warum verändert sich nach der Meinung des Verfassers der Wert der Zeit in den verschiedenen Lebensaltern?

2. a) Was interessiert die Ökonomen an der Zeit?

   b) Was interessiert die meisten von ihnen nicht?

3. Warum wird mit größerem Reichtum die Zeit immer weniger?

4. a) Welche Hoffnungen verbanden die Menschen des 19. Jahrhunderts mit Freizeit?

   b) Welche negativen Folgen entstehen aus der überreichen Produktion materieller Güter für die Freizeitgestaltung des Menschen heute?

   c) Wie hat sich die Bedeutung des Spaziergangs für die Menschen seit dem 19. Jahrhundert verändert?

5. Wie beurteilt der Verfasser die Gleichung "Zeit ist Geld"?

6. Treffen Ihrer Meinung nach die Beobachtungen des Verfassers auf alle Länder der Welt zu?

II. Geben Sie die unterstrichenen Textstellen mit eigenen Worten wieder:

7. die Zeit rast (Z. 1)

8. dieser schlägt sie tot (Z. 1/2)

9. die Zeit verwünschen (Z. 5)

10. haben die Ökonomen ... ihr Pulver schon verschossen (Z. 9/10)

11. um Freizeit braucht man sich nicht zu kümmern (Z. 15/16)

12. Wohlstand kann niemals total sein (Z. 18)

13. Heute wäre die knappe Konsumzeit ... schlecht genützt (Z. 30/31)

14. Geld unterliegt der Inflation (Z. 38/39)

III. Erklären Sie folgende Wörter nach ihrer Bedeutung im Text, gegebenenfalls durch ein eigenes Beispiel:

15. ahnen (Z. 3)

16. indes (Z. 4)

17. empfunden (Z. 6)

18. Gleichung (Z. 8)

19. betrachten (Z. 10)

20. Treibstoff (Z. 12)

21. verlangt (Z. 23)

22. verseucht (Z. 26)

23. erschwinglich (Z. 27)

24. kostbar (Z. 36)

1983/2 Einmal fuhren wir in den Ferien nach Neu-Globsow, das damals noch nicht von
den Berlinern entdeckt, sondern ein in Wäldern verlorenes, von seinen früheren Bewohnern, Glasarbeitern, aufgegebenes Dorf war.

Das Haus, in dem wir wohnten, war ganz allein mit seinen vier Zimmern und
5 seiner Küche für uns da. Vater muß es gemietet haben, ohne es je gesehen zu
haben. Wer der Vermieter war, weiß ich nicht mehr, er kann aber kaum am Ort
gewohnt haben, sonst hätte selbst mein sanfter Vater ihm hart zugesetzt. Mit
ein paar alten Linden davor und je zwei Fenstern rechts und links von der
Haustür sah das gelb getünchte Häuschen hübsch genug aus, und der Gedanke,
10 auch in den Ferien eine Küche ganz für sich allein zu haben, entzückte
Mutter.

Aber nie vergesse ich die erste Nacht in diesem Hause. Es wehte und regnete
draußen, und nur zu bald entdeckten wir behaglich in den Betten Liegenden,
daß es nicht nur draußen regnete. Es tropfte, es tropfte immer schneller und
15 stärker durch die Decke, bald rief dies, bald jenes der Kinder: "Mutter, mir
tropft es jetzt ins Gesicht! - Mutter, ich bin schon ganz naß!"

Aus der Küche geholte Schüsseln und Töpfe erwiesen sich als ungeeignet, die
Flut zu dämmen, denn wenn eines gerade im besten Einschlafen sich behaglich
ausstreckte, kippte die auf seinem Deckbett stehende Schüssel und ergoß ihr
20 Tropfwasser. Dann wurde wieder geschrien.

Außerdem waren wir aber bei weitem nicht die einzigen Bewohner des Hauses,
wir waren sogar stark in der Minderzahl. Sobald Mutter die Nachtkerze lösch-
te, verließen Ratten und Mäuse im trauten Verein ihre Löcher, stöberten und
tanzten um uns. Sie schienen jedes Stück von unseren mitgebrachten Sachen
25 zu revidieren und entblödeten sich schließlich nicht, über unseren Betten
fortzulaufen. Dabei fegten die Gardinen mit einem widrigen Geräusch an den
Wänden entlang, denn auch der Sturm draußen war nicht ausgeschlossen, durch
die klaffenden Wände und Fenster drang er und pustete uns sogar in unseren
Betten an.

30 Gewissermaßen als Schlußbild sehe ich uns alle halb sitzend in unseren Kis-
sen, die Türen zwischen sämtlichen Zimmern stehen offen, auf daß wir einander mit Trost und Rat beistehen können. Bei jedem brennt eine Kerze (die
Elektrizität war in Neu-Globsow noch nicht entdeckt), und über jedem Haupt
ist ein Regenschirm aufgespannt, gegen den es regelmäßig tropft. Auf jeder
35 Bettdecke aber liegen Wurfgeschosse bereit. Ab und zu raschelt es, dann
schmeißen wir, und von Zeit zu Zeit wird einer von uns Jungen beordert, die
Geschosse wieder einzusammeln und den Schützen zu fernerem Gebrauch zuzustellen.

Ich habe seitdem Neu-Globsow nicht wiedergesehen, habe aber gehört, daß es
40 eine hochstehende Sommerfrische mit allem erdenklichen Komfort geworden ist.
Ich bezweifle aber, daß Berliner Ferienjungen dort noch eine so vergnügte
und anregende erste Nacht erleben wie wir Bengels.

Am nächsten Morgen - es regnete gottlob nicht mehr - ging mein Vater (...)
auf Einkauf aus. Er kehrte heim mit Gips und Flaschen. Die Flaschen wurden
45 in kleine Scherben zerschlagen, in den weichen Gipsbrei eingebettet, und
damit wurden außen und innen am Hause die Dutzende von Ratten- und Mause-
löchern verschlossen.

"Durch den Gips würden sich die Ratten wieder durchfressen", erklärte mir
Vater, "aber die Glassplitter muten sie ihren Zähnen doch nicht zu!"
50 Wie aber das tropfende Dach geheilt wurde, dessen erinnere ich mich nicht
mehr.

Aus: Hans Fallada "Damals bei uns daheim", S. 108/109

Bitte lesen Sie zuerst den vorstehenden Text und dann die folgenden Fragen
sorgfältig durch, bevor Sie mit der Bearbeitung beginnen!

I. <u>Beantworten Sie die folgenden Fragen - soweit wie möglich - mit eigenen</u>
   <u>Worten:</u>

   1. Was erfahren wir über die Geschichte des Ortes Neu-Globsow?

   2. Wodurch erschien das Ferienquartier der Familie des Erzählers auf den
      ersten Blick so erfreulich?

   3. Warum glaubt der Erzähler, der Vater habe das Ferienhaus ohne vorheri-
      ge Besichtigung gemietet?

   4. Was berichtet der Text über den Wohnort des Vermieters, und warum
      kommt der Erzähler darauf zu sprechen?

   5. Mit welchen Methoden und mit welchem Erfolg schützt sich die Familie
      in der ersten Nacht vor dem Naßwerden?

   6. a) Wozu dienten die Wurfgeschosse?

      b) Der Text sagt nichts darüber, welcher Art die Geschosse waren.
         Worum könnte es sich dabei gehandelt haben?

   7. Wie stand es mit der Beleuchtung des Hauses?

   8. a) Wozu braucht der Vater des Erzählers Gips?

      b) Warum besorgt er auch Flaschen?

      c) Wird auch etwas gegen das Eindringen des Regens unternommen?

   9. a) Welche Eigenschaften charakterisieren den Vater des Erzählers?

      b) Wie ist die Rollenverteilung zwischen dem Vater und der Mutter in
         dieser Familie?

      Begründen Sie Ihre Ansicht zu a) und b) mit Informationen, die Sie dem
      Text entnehmen!

   10. Hat der Erzähler unter der ersten Nacht im Ferienhaus sehr gelitten?

II. Geben Sie die folgenden Sätze sinngemäß wieder, indem Sie die unterstrichenen Ausdrücke durch eigene Worte ersetzen:

1. ... sonst hätte selbst mein sanfter Vater ihm hart zugesetzt. (Z. 7)

2. Aus der Küche geholte Schüsseln und Töpfe erwiesen sich als ungeeignet. (Z. 17)

3. Dabei fegten die Gardinen mit einem widrigen Geräusch an den Wänden
entlang, denn auch der Sturm draußen war nicht ausgeschlossen.
(Z. 26/27)

4. ... und von Zeit zu Zeit wird einer von uns Jungen beordert, die Geschosse wieder einzusammeln und den Schützen zu fernerem Gebrauch
zuzustellen. (Z. 36-38)

5. Aber die Glassplitter muten sie ihren Zähnen doch nicht zu! (Z. 49)

III. Erklären Sie die Bedeutung folgender Ausdrücke im Text mit eigenen
Worten, mit einem Synonym oder mit einem Beispiel:

1. ein aufgegebenes Dorf (Z. 3)

2. die Flut dämmen (Z. 17/18)

3. wir waren stark in der Minderzahl (Z. 22)

4. stöbern (Z. 23)

5. klaffende Wände und Fenster (Z. 28)

6. mit Trost und Rat beistehen (Z. 32)

7. mit allem erdenklichen Komfort (Z. 40)

8. eine anregende erste Nacht (Z. 42)

1984/1 Wir rennen, sowie das Telefon zu klingeln beginnt. Wir rennen und lassen
das Wasser überlaufen, den altehrwürdigen Besucher warten, wir rennen und
reißen das tropfnasse Baby aus dem Bad. Wir rennen, getrieben von der Idee,
wir könnten - gerade heute, in dieser Sekunde - wir könnten etwas versäumen.
5   Klingeln lassen und nicht drangehen? Weiterleben und sich nicht stören
lassen?

Wenn ich das versuche, weil ich zum Beispiel Besuch habe und denke, wer
wirklich etwas Wichtiges von mir will, wird schon wieder anrufen, so merke
ich, wie dieser Besucher mein Telefon sofort zu seiner Sache macht und nach
10  dem dritten, vierten Schrillen nervös herumzurutschen beginnt und nach dem
fünften, sechsten zusammenbricht und hervorstößt: "Ja - wollen Sie denn
nicht ...?"

Wir suchen Ruhe vor dem Haustyrannen Telefon, der uns scheucht, wie wir uns
von keinem Menschen scheuchen lassen würden. Welche Frau würde sich denn
15  heute noch für einen Mann so geschwind in Bewegung setzen? Welcher Angestell-
te für welchen Chef? Totale Abhängigkeit. Totaler Gehorsam. Unterwürfigkeit.
Unfreiheit. Freiwillig nicht nur erwählt, sondern alle wachen Stunden des
Tages und der Nacht sehnsüchtig erwartet.

Denn wenn das Ding schrillt, wird es verflucht. Schweigt es jedoch, bricht
20  erst die wahre Katastrophe aus. Keiner ruft an, das heißt: Keiner will was
von mir wissen. Ich bin abgehängt, ausgehängt, nicht mehr gefragt, total
gestrichen.

Das Telefon ist natürlich ein Ding, aber wenn ich es benutze, wenn ich je-
manden an-rufe, wird es zu meiner Stimme. Der Ruf, der irgendwo ankommt, das
25  bin ich, das ist das, was von mir und von uns übriggeblieben ist. Die Stim-
men aus dem Hörer sind der Rest Geselligkeit, Nachbarschaft, Dorf- oder
Was-weiß-ich-Gemeinschaft. Keiner setzt sich mehr den Hut auf und wandert
die paar hundert Meter zum Freund und Nachbarn. Er ruft an und hofft, angerufen zu werden. Hofft auf Neuigkeiten, die seine Neugier stillen und seine
30  Langeweile vertreiben, und hofft insgeheim immer wieder auf das eine: auf
eine Botschaft, die sein Leben verändert und verbessert, auf eine gute
Nachricht, die ihm alle Last abnimmt und alles wieder in Ordnung bringt.

Ob sie kommt oder nicht - auf eines können wir uns alle verlassen: Sie wird
niemals während Fernsehnachrichten das Telefon klingeln lassen, denn so
35  wenig sich auch diejenigen, die heutzutage zum Hörer greifen, um alte Höf-
lichkeitsformen kümmern, um sieben oder acht Uhr abends herum herrscht
Stille. Ein Haustyrann stiehlt nicht dem anderen das Publikum.

Sybil Gräfin Schönfeldt, Vom ständigen Begleiter total genervt,
ZEIT-Magazin vom 21.10.1983 (gekürzt und geringfügig bearbeitet)

Bitte lesen Sie zuerst den vorstehenden Text sorgfältig durch! Beantworten
Sie dann die Fragen in Teil I auf einem gesonderten Blatt; bei Teil II und
III schreiben Sie die Lösung direkt auf dieses Blatt!

I. Beantworten Sie die folgenden Fragen - soweit wie möglich - mit eigenen
   Formulierungen:

   1. Was will die Autorin damit sagen, daß sie am Anfang des Textes das
      Wort "rennen" so oft benutzt?

   2. Welche verschiedenen Reaktionen auf das Telefonklingeln erwähnt der
      Text? Nennen Sie mindestens vier!

   3. a) Warum bringen es viele nicht fertig, bei einem Anruf das Telefon
         einfach zu Ende klingeln zu lassen?

      b) Welcher Gedanke bestärkt die Autorin darin, nicht jeden Anruf zu
         beantworten?

   4. Formulieren Sie die kurze unvollständige Frage in Zeile 11/12 unter
      Benutzung eines passenden Verbs!

   5. Worauf bezieht sich in dem Satz Zeile 17/18

      a) das Wort "erwählt",
      b) das Wort "erwartet"?

   6. Was könnte es für den Telefonbesitzer bedeuten, wenn niemand anruft?

7. Worauf reduziert das Telefon den Menschen?

8. Welcher  g e s e l l s c h a f t l i c h e  Wandel hat sich durch das Telefon im Vergleich zu früher ergeben?

9. Welche Erwartungen von Telefonbesitzern werden im Text genannt? Nennen Sie mindestens drei!

10. Wer ist mit "ihm" in Zeile 32 gemeint?

11. Was wird mit "wieder" in Zeile 32 zum Ausdruck gebracht?

12. Worauf bezieht sich "sie" in Zeile 33?

13. Die Verfasserin spricht von zwei Haustyrannen.

   a) Was meint sie damit?

   b) Welche Textstelle nennt Symptome der Unterdrückung? (Zeilenangabe genügt)

14. Deutet im Text etwas darauf hin, daß er von einer Frau geschrieben wurde? Wenn ja, wo zum Beispiel?

II. Geben Sie die unterstrichenen Textstellen mit eigenen Worten wieder:

1. lassen das Wasser überlaufen (Z. 1/2)

2. sofort zu seiner Sache machen (Z. 9)

3. bricht erst die wahre Katastrophe aus (Z. 19/20)

4. Keiner will was von mir wissen (Z. 20/21)

5. Ich bin ... gefragt (Z. 21)

6. wird es zu meiner Stimme (Z. 24)

7. die ihm alle Last abnimmt (Z. 32)

8. zum Hörer greifen (Z. 35)

III. Erklären Sie die folgenden Wörter nach ihrer Bedeutung im Text, gegebenenfalls durch ein eigenes Beispiel:

1. tropfnaß (Z. 3)

2. drangehen (Z. 5)

3. Schrillen (Z. 10)

4. zusammenbricht (Z. 11)

5. hervorstößt (Z. 11)

6. scheucht (Z. 13)

7. sehnsüchtig (Z. 18)

8. verflucht (Z. 19)

9. stillen (Z. 29)

10. insgeheim (Z. 30)

1984/2 Eines Nachmittags rief eine Mutter ihre Tochter an, die Julia hieß, und lud
sie zum Essen ein. Sie sagte: "Paßt es dir am Freitag?" Als sie merkte, daß
die Tochter zögerte, setzte sie hinzu: "Du kannst auch am Samstag kommen
oder am Sonntag. Ich richte mich ganz nach dir."

5 Die Mutter dachte nach, wie sie erfahren könnte, ob die Tochter arbeitete,
ob sie Geld brauchte und ob ihr die Wollhandschuhe gefielen, die sie ihr geschickt hatte. Statt dessen sagte sie: "Warst du beim Zahnarzt? Hast du
Schmerzen?" Und dann setzte sie unvermittelt hinzu, obwohl sie lieber mit
Julia allein war: "Wie geht es deinem Freund Fuzzi? Willst du ihn mit-
10 bringen?" Julia schwieg, sagte aber dann: "Möchtest du wirklich, daß er mit-
kommt?" Als sie merkte, daß die Mutter zögerte, fuhr sie fort: "Er hat doch
längst gemerkt, daß du ihn nicht magst." Die Mutter anwortete rasch, das
stimme nicht, wonach beide eine Weile schwiegen. Die Tochter dachte, daß
Fuzzi ein alberner Spitzname sei, der im Mund ihrer Mutter noch alberner
15 klang. Und darüber ärgerte sie sich, und das nahm sie der Mutter übel. Die
Mutter aber dachte: Wie finde ich nur heraus, ob er noch bei ihr wohnt, mit
seinem Ohrring? Julia sagte plötzlich: "Also dann bis Sonntag, ich komme
allein."

Draußen auf dem Sims vor dem Fenster ließ sich eine Möwe nieder und äugte
20 ins Zimmer. Früher hatte es in der Stadt keine Möwen gegeben, dachte die
Mutter, nur in den Anlagen, beim Wehr, am Fluß, wohin sie manchmal ging
und ihnen Brot zuwarf, Brot von der vorigen Woche, von der vorvorigen, vom
letzten Monat. Julia warf die Brotreste einfach weg. Und der Mutter fiel
ein, daß sie das auch einmal vorgehabt hatte, wie so vieles, was gegen die
25 Gewohnheiten ihrer eigenen Mutter verstoßen hätte, Gewohnheiten, die sie
aufbrachten, wie die Anrufe am Sonntagmorgen, die damals - als sie selbst
noch nicht verheiratet und geschieden und Mutter gewesen war, sondern nur
Tochter - dazu gedient hatten herauszufinden, ob ein Mann in ihrer Wohnung
war und heute, wie es Julia ging. Zu fragen: Weiß sie jetzt, was sie werden
30 will? Zu sagen: Du hättest sie zwingen müssen, die Schule fertig zu machen.
Zu klagen: Vielleicht kommt doch noch alles in Ordnung. Worauf die Mutter
ihrer Mutter stets leise und nachdrücklich erklärte, daß ihre Tochter unabhängig von ihr werden solle, was sie selbst leider nie erreicht habe.

Am Sonntagmittag blickte die Mutter aus dem Küchenfenster auf die Straße, wo
35 nur wenige Passanten vorbeigingen. Sie schnitt die gekochten Kartoffeln in
Scheiben und schichtete sie in eine gebutterte, feuerfeste Form, und dann
sah sie Julia kommen. Sie erkannte sie schon von weitem an dem alten Pelz-
mantel der Großmutter, an den schiefgetretenen Absätzen.

"Gibt es Fischauflauf?" "Ja, dein Lieblingsessen." "Nicht mehr", sagte
40 Julia in dem dunklen Vorplatz. Die Mutter hängte den Pelz auf einen Kleider-
bügel, weil der Aufhänger abgerissen war.

"Seit wann magst du eigentlich keinen Fischauflauf mehr?" fragte sie.
"Fuzzi mag keinen Fisch", antwortete Julia. "Ach", sagte die Mutter. Und
nach einer Pause: "Und deshalb schmeckt er dir auch nicht mehr?" Julia
45 wandte den Kopf und lächelte ihre Mutter an. "Ja, deshalb schmeckt er mir
auch nicht mehr. Oder findest du, daß ich meine Unabhängigkeit mit Fisch-
essen beweisen soll? Ich muß doch nicht Opposition um jeden Preis machen.
So wie du."

Die Mutter erschrak. Sie stand auf, ging in die Küche, drehte den Backofen
50 ab und nahm den Auflauf heraus. "Wir können essen", sagte sie. Sie machte
den Salat an und bot ihn Julia an. Sie öffnete die Mineralwasserflasche und
schenkte Julia ein. Sie holte das Salz und schob es neben Julias Teller. Und
als die Mutter wieder aufsprang, sagte Julia: "Das ist ja nicht auszuhalten.
Bleib doch sitzen und sag, was du vergessen hast, dann hole ich es."

55 Aber die Mutter sagte, wie früher, wie immer, wie damals zum Vater, es sei
viel einfacher, den Pfeffer, die Vanillesoße, die Dessertlöffel selbst zu
holen anstatt lange zu erklären, wo alles sei. Und sie lief weiter hin und
her, und ihre Stimme und ihr Gesicht waren dabei wie früher, wie damals,
wie immer entschuldigend und gleichzeitig so anklagend, daß Julia plötzlich
60 aufstand und sagte, "Ich gehe. Und wenn ich sage, ich gehe, dann gehe ich
auch. Nicht so wie du, die immer gewartet hat, bis der andere ging."

Und während Julia zur Tür lief, blieb die Mutter stehen, wie ein Aufzieh-
tier, an dem der Mechanismus abgelaufen ist. Als Julia im Vorplatz den Pelz
vom Bügel riß, sagte die Mutter: "Grüße Fuzzi". Und Julia sagte: "Fuzzi ist
letzte Woche ausgezogen" und rannte die Treppe hinunter.

Aus: Selma Urfer, Nicht so wie Du, SZ 12./13.5.84 (gekürzt und bearbeitet)

Bitte lesen Sie zuerst den vorstehenden Text sorgfältig durch!

I. Beantworten Sie die folgenden Fragen zum Text mit eigenen Worten:
   1. Woran sehen wir im Text, daß die Mutter die Zuneigung ihrer Tochter
      Julia zu erringen versucht? - Geben Sie mindestens fünf Beispiele.
   2. Welches Hauptproblem hat Julias Mutter mit ihrer eigenen Mutter?
      Wo steht das im Text? Geben Sie die Zeilen an.
   3. Charakterisieren Sie das Verhalten der Großmutter.
   4. Was erfahren wir aus dem Text über Julia
      a) ihr Äußeres

b) Schule und Beruf

c) ihr Verhältnis zu Fuzzi?

5. a) Wie reagiert Julia am Ende?

   b) Warum tut sie das?

6. Wie verhält sich daraufhin die Mutter?

7. Warum erscheint Julias Vater nicht in der Geschichte?

8. Julia wirft ihrer Mutter vor, sich anderen Menschen gegenüber immer passiv zu verhalten. Geben Sie dazu die Textstelle an.

II. Geben Sie die unterstrichenen Textstellen mit eigenen Worten wieder:

1. Paßt es dir am Freitag? (Z. 2)

2. Ich richte mich ganz nach dir (Z. 4)

3. das nahm sie der Mutter übel (Z. 15)

4. was gegen die Gewohnheiten ihrer eigenen Mutter verstoßen hätte (Z. 24/25)

5. die sie aufbrachten (Z. 25/26)

6. was sie selbst leider nie erreicht habe (Z. 33)

7. Opposition um jeden Preis machen (Z. 42)

8. Das ist ja nicht auszuhalten (Z. 53)

III. Erklären Sie die folgenden Wörter nach ihrer Bedeutung im Text; geben Sie - wenn nötig - ein Beispiel:

1. setzte sie hinzu (Z. 3)

2. unvermittelt (Z. 8)

3. zögerte (Z. 11)

4. Anlagen (Z. 21)

5. vorgehabt hatte (Z. 24)

6. nachdrücklich (Z. 32)

7. schichtete (Z. 36)

8. ausgezogen (Z. 65)

1985/1   Ich bin kein besonders ehrgeiziger Mensch. Schon in der Schule zeigte ich zum Mißfallen meines Vaters wenig Neigung, mich auszuzeichnen, ich tat nur das Notwendige, das zur Versetzung Notwendige und gab mich im übrigen allerlei wunderlichen Nebenbeschäftigungen hin. Brotlose Künste, sagte mein
5   Vater, wenn er mich dabei überraschte, wie ich mit großer Sorgfalt statistische Tabellen anlegte (meine Klasse, eingeteilt in Rothaarige, Vaterlose, Turner) und Wahrscheinlichkeitsrechnungen aufstellte. Er selbst hatte sich in seiner Freizeit an Bandenspielen beteiligt, schon meine Stubenhockerei gefiel ihm nicht. Als ich ihm nach dem Abitur erklärte, ich wolle Beamter
10   werden, lachte er höhnisch, aber meiner Mutter war es recht, sei doch froh, sagte sie, wenigstens einer, um den man sich keine Sorgen machen muß. Tat-

sächlich hat sich um mich nie jemand Sorgen machen müssen, meine Eltern
nicht und auch meine Frau nicht, als wir heirateten, hatte ich schon einen
kleinen Posten am Verkehrsministerium und da bin ich auch geblieben, ich
15  habe angenehme Vorgesetzte und angenehme Mitarbeiter gehabt und mein Gehalt
erhöhte sich nach dem Tarif. Meine Frau war von heiterer Wesensart, so daß
ich mich am Abend immer freute nach Hause zu kommen und meine Mußestunden
mit ihr und den Kindern, einem Mädchen von vierzehn und einem Knaben von
neun Jahren, zu verbringen. Seit dem Frühjahr allerdings, das heißt seit ich
20  in die Abteilung Unfallverhütung versetzt worden bin, hat sich manches geändert. Die Arbeit in dieser Abteilung interessierte mich von Anfang an
außerordentlich, und ich kann sagen, daß sie in mir nicht nur einen größeren
Eifer, sondern auch besondere Fähigkeiten wach werden ließ. Ich machte freiwillig Überstunden und zog mich oft schon bald nach dem Abendessen in mein
25  Zimmer zurück.

Ist denn das nötig, hat meine Frau zu Anfang dieser außergewöhnlichen Ar-
beitsperiode des öfteren gefragt. Sie ist bei meinen Kollegen und deren
Frauen recht beliebt, und es kostete sie wenig Mühe, herauszubekommen, daß
die Herren in meiner Abteilung nicht daran dachten, sich Akten nach Hause
30  mitzunehmen, daß sie vielmehr gemütlich beim Fernsehen saßen oder mit ihren
Frauen spazieren und ab und zu sogar tanzen gingen. Es ist möglich, daß
meine Frau schon bei dieser Gelegenheit zu hören bekommen hat, ich sei auf
dem besten Wege ein Streber zu werden. Aber meine Frau hat mir meinen Eifer
nicht übelgenommen. Sie hat wohl gedacht, daß ich dabei eine Beförderung im
35  Auge hätte, die auch ihr zugute käme und war gerührt. Außerdem konnte ich
ihr im Anfang von dem, was mich beschäftigte auch noch einiges mitteilen,
wir haben beim Abendessen davon gesprochen und sogar Scherze darüber gemacht. Was gibt es Neues in der B$_4$, fragte meine Frau, womit sie meine
Dienststelle (Unfallverhütung) meinte. Während sie den Kindern Brote strich,
40  habe ich ihr dann erzählt, auf was für alberne Ideen die Leute kämen und was
für törichte Sprüche man auf Plakaten und Plaketten anzubringen beabsichtig-
te. Wir haben sogar so etwas wie ein Gesellschaftsspiel gespielt, bei dem
die Kinder, denen die üblichen Slogans, denk an deine Frau, nimm dir Zeit
und nicht das Leben, bereits bekannt waren, einander in der Erfindung neuer
45  Mahnsprüche überboten. Mit diesen fröhlichen Abendessen war es bald vorbei.
Abgesehen davon, daß ich bald keine Zeit mehr hatte, mich meiner Familie zu
widmen, erschienen mir auch Späße, die meine Arbeit zum Gegenstand hatten,
unpassend und unangebracht. Die Unfallziffern stiegen, besonders auf dem
Sektor Verkehr jeden Tag, eine Tatsache, die mich nach und nach in eine Art
50  von Panik versetzte. Es schien mir, daß wir auf unserer Dienststelle mit dem

Straßentod einen täglich erbitterteren Kampf ausfochten und daß wir bereits
im Begriff waren, diesen Kampf zu verlieren. Die Gleichgültigkeit, mit der
das sogenannte Publikum diese Tatsache hinnahm, erschütterte mich, ich
konnte es nicht mit ansehen, wie etwa am Ferienanfang täglich ganze Fami-
55 lien sich lachend auf die Schlachtfelder begaben, wie die todgeweihten
Frauen im Rückspiegel ihre Haare zurechtzupften, die todgeweihten Kinder
ihre Äffchen und Bären zum Fenster heraushängen ließen. Als mein kleiner
Junge, den ich jeden Tag in die Schule fahre, mich vor einigen Monaten allen
Ernstes aufforderte, doch einmal einen Unfall zu bauen, gefährdete ich alle
60 Verkehrsteilnehmer dadurch, daß ich ihm eine mächtige Ohrfeige gab. Du hast
auch gar keinen Humor, sagte meine Frau, als ich an jenem Abend nach Hause
kam. Sie hatte recht, es war mir nicht mehr zum Lachen zumute.

Ich habe meine frühe Leidenschaft für die Statistik bereits erwähnt. Jetzt
hatte ich die Absicht, die Vernunft, den Verstand und das Gefühl der Men-
65 schen gegen eben diese Statistik ins Treffen zu führen. Ich scheute darum
keine Mühe, den Ursachen der in meinen Bereich gehörenden Verkehrsunfälle
genau nachzugehen und, wo ich konnte, Abhilfe zu schaffen. So wirkte ich
zum Beispiel dahin, daß an unseren Straßen alle Bäume gefällt wurden, was
nicht nur meine Frau, sondern auch viele andere Einwohner der Stadt sehr
betrübte.

M.-L. Kaschnitz: Der Spinner, aus: Vogel Rock

Bitte lesen Sie zuerst den vorstehenden Text sorgfältig durch!

I. Beantworten Sie die folgenden Fragen zum Text möglichst mit eigenen
   Worten:

   1. Warum kann man vermuten, daß sich der Ich-Erzähler mit seinem Vater
      nicht sehr gut verstanden hat? Nennen Sie drei Gründe!
   2. Beschreiben Sie den schulischen und beruflichen Werdegang des Ich-
      Erzählers bis zu seiner Eheschließung.
   3. Warum hat der Ich-Erzähler lange Zeit allen Grund, mit seinem Leben
      zufrieden zu sein?
   4. Die berufliche Situation des Ich-Erzählers hat sich geändert:
      a) seit wann und wodurch?
      b) wie und warum hat sich dadurch seine Arbeitsmoral geändert?
      c) wie reagiert seine Frau auf die veränderte Arbeitsmoral?
      d) inwiefern nehmen auch die Kinder an der neuen Aufgabe des Vaters
         teil?
   5. Beschreiben Sie:
      a) wie die neue Aufgabe schließlich das Familienleben des Ich-Erzäh-
         lers beeinflußt
      b) wie die neue Aufgabe sein seelisches Gleichgewicht beeinflußt

c) wie der Ich-Erzähler versucht, Verkehrsunfälle zu vermeiden.

6. Die Erzählung, die Sie her in einem Ausschnitt vor Augen haben, heißt "Der Spinner".

   a) Erklären Sie kurz, was Sie unter einem "Spinner" verstehen.

   b) Gibt es in diesem Ausschnitt Ihrer Meinung nach Textstellen, die diesen Titel rechtfertigen könnten? - Wenn "nein", begründen Sie kurz Ihr "nein". Wenn "ja", geben Sie die Zeilenzahl an.

II. Geben Sie die unterstrichenen Textstellen nach ihrer Bedeutung im Text mit eigenen Worten wieder:

   1. meiner Mutter war es recht (Z. 10)

   2. zog mich ... in mein Zimmer zurück (Z. 24/25)

   3. es kostete sie wenig Mühe (Z. 28)

   4. schon bei dieser Gelegenheit zu hören bekommen hat (Z. 32)

   5. einander in der Erfindung ... überboten (Z. 44/45)

   6. Späße, die meine Arbeit zum Gegenstand hatten (Z. 47)

   7. einen täglich erbitterteren Kampf ausfochten (Z. 51)

   8. sich ... auf die Schlachtfelder begaben (Z. 55)

   9. mich ... aufforderte, doch einmal einen Unfall zu bauen (Z. 58/59)

   10. es war mir nicht mehr zum Lachen zumute (Z. 62)

III. Erklären Sie die folgenden Wörter nach ihrer Bedeutung im Text; geben Sie, wenn nötig, ein Beispiel:

   1. Versetzung (Z. 3)

   2. Brotlose Künste (Z. 4)

   3. Mußestunden (Z. 17)

   4. Akten (Z. 29)

   5. Streber (Z. 33)

   6. Eifer (Z. 33)

   7. töricht (Z. 41)

   8. hinnahm (Z. 53)

   9. zurechtzupfen (Z. 56)

1985/2 Es muß im Sommer 1918 gewesen sein, als in unserem Hause etwas passierte, was uns mehr erschütterte und erregte, als die große, offizielle Revolution, die sich ein paar Monate später in der Öffentlichkeit begab: es war die Revolution in unserem Hause, unsere private Revolution, der Umsturz von Wer-
5  ten, die unverrückbar für uns gewesen waren. Denn die Person, die wir Affa nannten, gehörte zum Hause, ja, zur Familie, mehr als eine der vielen Kinderfräuleins, die wir gehabt, mehr als Köchin, Hausmädchen oder irgendwer sonst. Sie gehörte in eben dem Grade dazu, wie die Eltern oder die Geschwister, denn sie war einfach immer dagewesen. Sie genoß das vollkommene

10 Vertrauen, das man ganz selbstverständlich Dingen entgegenbringt, die einen
Teil unseres Lebens ausmachen. Ich glaube, Affa war schon Zimmermädchen bei
uns, als ich geboren wurde.

Gelegentlich geschah es, daß die anderen Dienstboten vor ihr warnten: sie
spreche schlecht von der Herrschaft; manche gingen so weit, ihre Ehrlich-
15 keit zu bezweifeln. Affa konnte sich über solche Verdächtigungen weit erhaben fühlen. Mit bösem und hochmütigem Gelächter wies sie derlei von sich. -
Sie war seit zwölf Jahren bei uns. Sogar in unserer Gegenwart machte sie Be-
merkungen über die Eltern, die wir unbegreiflich fanden. Inzwischen warnte
auch die Köchin immer eindringlicher vor ihr. Immer wieder mußte meine
20 Mutter hören, daß Affa stehle. Eigentlich mehr, um die verleumderische
Köchin zum Schweigen zu bringen, ließ meine Mutter eines Nachmittags, als
Affa ausgegangen war, ihr Zimmer öffnen. - Was fand sich?

Es war ein Warenlager, das sich fand. Alle Gegenstände, die im Laufe der
letzten Jahre im Hause verlorengegangen waren - und meine Mutter glaubte
25 viel verloren zu haben, da sie eher zur Unordnung neigt -, fanden sich auf-
geschichtet, gestapelt übereinandergeworfen in Affas Schrank und Kommode,
ja, noch unter ihrem Bett. Sie hatte mit einer solchen Passion, einer solchen Besessenheit gestohlen, daß nicht nur Tischdecken, Rotweinflaschen,
Teelöffel, Blumenvasen und Luxusausgaben toter sowie lebender Autoren, son-
30 dern auch Nagelscheren, Kragenknöpfe - nach denen man händeringend gesucht
- und Nadelkissen aus der Dunkelheit ihrer Verwahrung ans Licht gehoben
wurden.

Wir wohnten dieser Szene des Zimmer-Öffnens nicht bei, aber es muß eine
Szene großen Stils gewesen sein. Welch ungeheuerliche Überraschung im Ge-
35 sicht meiner Mutter, welcher Triumph in den Mienen der Köchin! - Aber geradezu mythisch-katastrophalen Charakter gewann in unserer Überlieferung die
Szene, welche nun folgte: denn Affa, die, nach Hause kommend, sehen mußte,
wie man in ihrem mit so viel listigem Fleiß zusammengetragenen Lager stöberte, geriet in einen wahren Rausch von Habgier und Wut: mit unserem Vater,
40 der selber ins Kellergeschoß geeilt war - was so selten geschah -, rang sie
um jedes Stück: von jedem behauptete sie, daß es ihr, ihr ganz allein ge-
höre; der Rotwein war ein Geschenk ihres ersten Bräutigams aus Paris, die
Handtücher alte Erbstücke und nur zufällig mit unseren Initialen gezeichnet:
wir waren es, die sie bestehlen wollten. - Wir oben, im Eßzimmer, hörten den
45 schrecklichen Lärm der Erwachsenen, die wir bis dahin doch nur so höflich
miteinander hatten reden hören. Wir zitterten: es war ein Streit der Götter,
ein Aufruhr der oberen Mächte; mindestens etwas wie der Trojanische Krieg.

Man hätte die Polizei nicht gerufen, nur Affas tolles Benehmen zwang dazu.
Vom Schutzmann begleitet, fuhr man in die Wohnung von irgendeiner Verwandt-
50  schaft Affas, wo, den Angaben der Köchin zufolge - denen man nun doch an-
fing zu glauben -, noch allerlei zu finden sein würde, was Affa in unserem
Hause zusammengerafft hatte. Man fand noch die erstaunlichsten Dinge. Die
Szenen, die sich in unserem Souterrain abgespielt hatten, wiederholten sich
in der fremden Wohnung; wie ein wildes Tier vor sein Junges warf Affa sich
55  vor jedes Stück, das sie gestohlen hatte.

Abends kam sie noch einmal für eine halbe Stunde in unser Haus, um ihren
Koffer zu packen. Sie verließ uns, fürchterliche Racheschwüre auf den Lip-
pen. Uns Kindern war verboten, noch einmal mit ihr in Berührung zu kommen.
Während sie unten unsere Familie verfluchte, saßen wir erschüttert oben an
den Arbeitspulten.

Aus: Klaus Mann: Kind dieser Zeit

Bitte lesen Sie zuerst den vorstehenden Text sorgfältig durch!

I. <u>Beantworten Sie die folgenden Fragen zum Text soweit wie möglich mit
   eigenen Worten</u>:

   1. Inwiefern vergleicht der Autor die Folgen der privaten "Revolution"
      im Elternhaus mit den Folgen der "großen" Revolution von 1918?

   2. Affa:

      a) Welche Aufgabe hatte sie im Haus?

      b) Warum genoß sie im Vergleich zu den anderen Dienstboten eine Son-
         derstellung?

      c) Wie äußerten sich die anderen Dienstboten über sie?

      d) Woraus kann man schließen, daß Affa sich sehr sicher glaubte?
         (Beziehen Sie sich auf zwei Stellen im Text)

   3. Was war der hauptsächliche Grund dafür, daß Affas Zimmer schließlich
      geöffnet wurde?

   4. Aus welchem Grund hatte die Mutter die Diebstähle so lange Zeit nicht
      bemerkt?

   5. a) Wie reagierte Affa auf die Entdeckung?

      b) Wie versuchte sie sich zu verteidigen, und welche weitere Folge
         hatte das für sie?

      c) Welchen literarischen Vergleich stellte der Autor bei der Schilde-
         rung dieser Szene an? (Beziehen Sie sich auf zwei Hinweise im Text.)

   6. Was haben - Ihrer Meinung nach - die Kinder bei Affas Auszug empfun-
      den, und welche Folgen hatte dieses Ereignis - Ihrer Meinung nach -
      für ihr kindliches Weltbild?

   7. Nach der Schilderung des Autors war Affa eine Person mit sehr hefti-
      gem Charakter. Nennen Sie vier Stellen im Text, die das belegen, und
      geben Sie die Zeilen an.

II. Geben Sie die unterstrichenen Textstellen mit eigenen Worten wieder:

8. , die sich ein paar Monate später in der Öffentlichkeit begab (Z.3)

9. Gelegentlich geschah es (Z. 13)

10. Affa konnte sich ... weit erhaben fühlen (Z. 15/16)

11. ... aus der Dunkelheit ihrer Verwahrung ans Licht gehoben wurden. (Z. 31/32)

12. Wir wohnten dieser Szene ... nicht bei (Z. 33)

13. , wie man in ihrem ... Lager stöberte, (Z. 38/39)

14. , den Angaben der Köchin zufolge (Z. 50)

15. , noch einmal mit ihr in Berührung zu kommen. (Z. 58)

III. Erklären Sie die Wörter nach ihrer Bedeutung im Text:

16. unverrückbar (Z. 5)

17. derlei (Z. 16)

18. eindringlicher (Z. 19)

19. händeringend (Z. 30)

20. in den Mienen (Z. 35)

21. allerlei (Z. 51)

22. zusammengerafft (Z. 52)

ÜBERSETZUNG AUS DEM ENGLISCHEN (entfällt ab 1986)

1983/1 So he went to Harvard and was extremely miserable for several months. Because he was working on his own, trying to finish his thesis, he made few friends; because he had no car, and couldn't drive anyway, he found it difficult to move around freely. Cowardice, and a dim, undefined loyalty to Hilary Broome, prevented him from dating the intimidating Radcliffe girls. He formed the habit of taking long solitary walks through the streets of Cambridge and environs, tailed by police cars whose occupants regarded gratuitous walking as suspicious. The fillings he had prudently taken care to have put in his teeth before leaving the embrace of the National Health Service all fell out and he was informed by a contemptuous Boston dentist that he needed a thousand dollars' worth of dental work immediately. As this sum was nearly a third of his total stipend, Philip thought he had found the perfect excuse for throwing up his fellowship and returning to England with honour. The Fellowship Fund, however, promptly offered to meet the entire cost from its bottomless funds, so instead he wrote to Hilary Broome asking her to marry him. Hilary, who was growing bored with Augustan pastoral poetry, returned her books to the library, bought a wedding dress off the peg at C&A, and flew out to join him on the first available plane. They were married by an Episcopalian minister in Boston just three weeks after

Philip had proposed.

David Lodge, Changing Places (1975)

gratuitous = ziellos

1983/2 The seasons of my childhood seemed (of course) so violent, so intense and true to their nature, that they have become for me ever since a reference of perfection whenever such names are mentioned. They possessed us so completely they seemed to change our nationality; and when I look back to the valley it cannot be one place I see, but village-winter or village-summer, both separate. It becomes increasingly easy in urban life to ignore their extreme humours, but in those days winter and summer dominated our very action, broke into our houses, <u>conscripted</u>[1] our thoughts, ruled our games, and ordered our lives.

Winter was no more typical of our valley than summer, it was not even summer's opposite; it was merely that other place. And somehow one never remembered the journey towards it; one arrived, and winter was here. The day came suddenly when all details are different and the village hat to be rediscovered. One's nose went dead so that it hurt to breathe, and there were <u>jigsaws of frost</u>[2] on the window. The light filled the house with a green polar glow; while outside - in the invisible world - there was a strange hard silence, or a metallic creaking, a faint throbbing of twigs and wires.

Laurie Lee, Cider with Rosie (1959

1) nahm ... gefangen
2) Eisblumen

1984/1 The Fight to Write

None of these books makes the process [of writing] seem easy, though some of the writers in Joyce Carol Oates' anthology make it sound a little more fun than others. Probably they're lying, but no matter. Sometimes it <u>is</u> fun, though usually it's a lot more fun to have done it than to be doing it, which makes it something like exercise - a lot of boring but necessary repetitions before you notice any results.

Of course, reading is work, too, and no one can write without having read the kind of writing that aims at or is literature. I don't think anyone can read too much but it is impossible for a writer, though the reading - like the sweat - shouldn't be obious, just the way the trees back in the forest are there. (The same cannot be said of writing. The evidence is abundantly clear that it is quite possible to have written too much. But all writing is a risk.)

In "Good Readers and Good Writers", a chapter in Nabokov's Lectures on Literature, he tells of giving a quiz in which he asked his students to name
the qualities of an ideal reader. Four that stand out are imagination,
memory, a dictionary, and some artistic sense. No writer should ask for
less. But every writer I am acquainted with needs more than that.

William McPherson in The Guardian Weekly, No. 6, February 5, 1984

1984/2  Looking back, I can see how fruitful were my years at Eton, in spite of such
minor troubles. To start with, Eton was then the only school where every
pupil had a room to himself. This permitted uninterrupted study, and time
for quiet thought and private reading. In addition, College was an élite -
it needed brains to get a scholarship, and it was valuable to have the com-
panionship and stimulus of one's intellectual equals. Thirdly, there were
no compulsory English lessons in Upper School. This sounds like a disad-
vantage, but was really a benefit. We werde spared the tedious business of
being taken through a set of so-called masterpieces of English prose and
verse, and were free to indulge our own tastes. It was thus that I learnt
to love poetry - Wordsworth, Coleridge, Milton, Walt Whitman, Chaucer, Mar-
vell, Donne and many others. The one compulsory bit of English was the
writing of a weekly essay for my tutor. This undoubtedly helped me to deve-
lop a reasonably good prose style, and the habit of rapid thinking.

Eton could afford to pay high salaries, and so the masters were mostly men
of high academic and social standard, whose teaching was stimulating and
whose company was agreeable. And then the beauty of the medieval buildings
round School Yard, especially St. George's Chapel with its banners, kindled
in me a love and some understanding of fine architecture.

From: Julian Huxley, Memories

1985/1  It is regrettably true that in these days there is in nearly every family,
the problem of what might be called an "Aunt Ada". The names are different
- Aunt Amelia, Aunt Susan ... But they exist and present a problem in life
which has to be dealt with. Arrangements have to be made. Suitable esta-
blishments for looking after the elderly have to be inspected and full
questions asked about them. Recommendations are sought from doctors, from
friends, who have Aunt Adas of their own.

The days are past when Aunt Elizabeth, Aunt Ada and the rest of them lived
on happily in the homes where they had lived for years previously, looked

after by devoted if sometimes somewhat tyrannical old servants. Both sides were thoroughly satisfied with the arrangement. Or there were the innumerable poor relations, indigent nieces, semi-idiotic spinster cousins, all yearning for a good home with three good meals a day and a nice bedroom. Supply and demand complemented each other and all was well. Nowadays, things are different.

For the Aunt Adas of to-day arrangements have to be made suitable, not merely to an elderly lady who, owing to arthritis or other rheumatic difficulties, is liable to fall downstairs if she is left alone in a house, or who suffers from chronic bronchitis, or who quarrels with her neighbours and insults the tradespeople.

From: Agatha Christie, By the Pricking of My Thumbs

1985/2  If the family weren't going to be helpful I would look for a job all by myself and not tell them about it till I'd got one. I had no idea of exactly what job I should apply for, so I decided to go to an agency. I had seen one advertised in a local paper, so as soon as there was no one about to say, 'Where are you going?' I clapped on my mildest hat, and rushed out of the house in search of it. I was wildly excited, and as nervous as if I were going to a stage audition. Finding the place quite easily, I tore up three flights of stairs, and swung breathlessly through a door which said, 'Enter without knocking, if you please.'

The dingy, bottle-green atmosphere of the office sobered me, and I sat meekly down on the edge of a chair and could see my nose shining out of the corner of my eye. I thought perhaps it was a good thing, it might look more earnest. The woman at the desk opposite scrutinized me for a while through rimless pince-nez, and I became absorbed in the question of whether or not she wore a wig. I had just decided that it was too undesirably shabby to be anything but her own hair, when I realized that she was murmuring questions at me.

Monica Dickens, One Pair of Hands

pince-nez: Kneifer, Zwicker

AUFGABEN ZUR PRÜFUNG DER AUSDRUCKSFÄHIGKEIT

1983/1   I. Ergänzen Sie die Präpositionen:

Tag _für_ Tag wächst die Weltbevölkerung _____ etwa 180 000 Menschen.
_____ Abstand _____ nur drei Monaten könnte eine neue Stadt _____ der
Größe New Yorks _____ die Weltkarte eingefügt werden.
Zwar werden die Böden _____ allgemeinen _____ die Verwendung _____
Kunstdünger _____ ein Mehrfaches fruchtbarer gemacht, _____ der heutigen
Bevölkerungsexplosion muß Nahrung aber auch _____ Gebieten hergestellt
werden, die _____ und _____ sich unfruchtbar sind. Das können _____ Bei-
spiel riesige Sandflächen sein, _____ denen Pflanzen _____ künstlichen
Bedingungen gedeihen.

II. Bilden Sie aus dem unterstrichenen Satzteil einen Nebensatz und verwenden Sie dazu das Verb in Klammern!

_Beispiel:_ Angesichts des ungeheuer raschen Anwachsens der Weltbevölkerung müssen neue Nahrungsquellen gefunden werden. (anwachsen)
_Da (Weil) die Weltbevölkerung ungeheuer rasch angewachsen ist,_
_müssen neue Nahrungsqeullen gefunden werden._

1. Zur Steigerung der Erträge wird in verstärktem Maß Kunstdünger verwendet. (steigern)
2. Unter künstlichem Regen sind die Erträge oft noch größer. (beregnen)
3. Trotz der unfruchtbaren Böden gedeihen dort wichtige Kulturpflanzen.
(sein)
4. Die ausreichende Versorgung der Weltbevölkerung mit Grundnahrungs-
mitteln ist zumindest fraglich. (versorgen)
5. Dank staatlicher Finanzierungshilfen wächst das Interesse an derar-
tigen Anlagen. (helfen)

III. Vervollständigen Sie die Sätze sinngemäß: (Benutzen Sie dazu die Informationen aus den Teilen I und II!)

_Beispiel:_ In solchen Gebieten regnet es zu selten, _als daß dort Pflanzen_
_ohne künstliche Bewässerung gedeihen könnten._

1. Verwendet man Kunstdünger, .....
2. ....., es sei denn, daß Beregnungsanlagen benutzt werden.
3. Sollte der Staat keine Finanzierungshilfen geben, .....
4. So intensiv auf diesem Gebiet auch gearbeitet wird, .....

IV. Geben Sie die Bedeutung der unterstrichenen Satzteile mit eigenen Worten wieder:

*Beispiel*: Das Unternehmen ist in die roten Zahlen geraten.
*Das Unternehmen macht Verluste.*

1. Das läßt sich vom grünen Tisch aus nicht entscheiden.
2. Er hat sich einen blauen Dunst vormachen lassen.
3. Diese Angaben habe ich schwarz auf weiß.
4. Das halte ich für Schwarzmalerei.
5. Man sollte aber auch nicht alles durch die rosa Brille sehen.

V. Bilden Sie aus dem Adjektiv jeweils ein Verb:

*Beispiel*: kurz: Die Ausgaben für Forschungszwecke sollen *gekürzt* werden.

scharf:   Der Nord-Süd-Konflikt könnte sich noch _____.
günstig:  Keines dieser Länder sollte _____ werden.
lang:     Die Rückzahlungsfristen werden häufig _____.
schlecht: Die Zahlungsbilanz hat sich seit Jahren _____.
allgemein: Man sollte möglichst nicht _____.
übrig:    Eine Diskussion darüber _____ sich.

VI. Ergänzen Sie die Sätze, ohne ihren Sinn zu verändern:

*Beispiel*: Es wäre *möglich gewesen, diesen Fehler* zu vermeiden.

1a) Diesen Fehler hätte _____ vermeiden _____.
 b) _____ wäre _____.
 c) _____ lassen.
 d) _____ war nicht _____.
 e) _____ hätte _____ werden können.

*Beispiel*: Die Zeit war sehr kurz, so daß wir die Konferenz *nicht fort-setzen* konnten.

2a) Wir _____, um die Konferenz fortsetzen _____.
 b) Unsere Zeit war sehr kurz, deshalb _____.
 c) Wegen _____ Kürze _____ abgebrochen _____.
 d) _____ Verfügung stand, _____ nicht möglich _____.
 e) Uns stand _____, als daß _____.

VII. Drücken Sie einen Gegensatz aus, ohne die Negation "nicht" oder "kein" zu verwenden:

*Beispiel*: Wurde die Diskussion dadurch erleichtert?
*Nein, sie ist eher erschwert worden.*

1. Heute wird auf dem Energiesektor viel gespart.

   Früher .....

2. Die Kosten dafür sind immer wieder erhöht worden.

3. Manche Länder glaubten rasch reich werden zu können.

   Nun stellt sich heraus, .....

4. Der Export ist nun auch merklich zurückgegangen, früher .....

5. Anstatt zunehmend Handelsschranken aufzubauen, sollte man sie .....

6. Nur wenige Fachleute gehen davon aus, das Bevölkerungswachstum werde

   sich verlangsamen. Die meisten .....

1983/2 I. Ergänzen Sie die Präpositionen:

Heute sind schon _in_ fast allen Städten die Verkehrsampeln der Haupt-
straßen _____ "grüne Welle" geschaltet. Ein Fahrer, der gleichmäßig
_____ vorgeschriebener Geschwindigkeit fährt, müßte alle Kreuzungen
_____ Grün passieren können. _____ stärkerem Verkehr wird der Fahrzeug-
strom _____ die Ampelsignale _____ größere Kolonnen unterteilt. Dazwi-
schen kann der Querverkehr die Hauptstraße kreuzen oder _____ sie ein-
biegen. Eine gut eingestellte grüne Welle hält auch starken Verkehr
_____ der Hauptstraße _____ Fluß, _____ den Querverkehr allzusehr zu be-
hindern. Die grüne Welle kann man gut _____ einer langen, vielbefahrenen
Ausfallstraße einer Großstadt beobachten. _____ den Verkehrsampeln dort
ist die Dauer der Rot-, Gelb- und Grünphasen vorprogrammiert. _____ der
Stoßzeiten wird die Straße stark befahren. _____ Morgen fließt der Verkehr _____ vier Fahrspuren stadteinwärts und nur zwei Spuren führen
_____ der Stadt hinaus; _____ Geschäftsschluß ist es umgekehrt. Aber
_____ der Stoßzeiten stehen _____ beide Fahrtrichtungen je drei Spuren
_____ Verfügung.

II. Bilden Sie aus dem unterstrichenen Satzteil einen Nebensatz:

_Beispiel_: Durch die Unvorsichtigkeit des Motorradfahrers kam es zu einem
    Unfall.

    _Weil der Motorradfahrer (so) unvorsichtig war, kam es ..._

1. Trotz der Schaltung der Ampeln auf "grüne Welle" kommt es immer wieder zu Staus auf großen Durchgangsstraßen.

2. Nach der Übernahme der Verkehrsregelung durch Polizisten gab es noch
   mehr Staus.

3. Bei größerer Beachtung der Verkehrsvorschriften dürfte das nicht
   passieren.

4. Eine wirklich befriedigende Lösung des Problems ist noch offen.

5. Die ständigen Verkehrsschwierigkeiten erklären auch <u>das zunehmende Interesse der Bevölkerung an Fahrrädern</u>.

III. Benutzen Sie statt der unterstrichenen Ausdrücke ein passendes Modalverb:

*Beispiel*: <u>Angeblich</u> hatte der Autofahrer noch nie einen Unfall.

Der Autofahrer *soll* noch nie einen Unfall gehabt haben.

1. Der Autofahrer <u>behauptet</u>, daß er das Warnschild nicht gesehen hat.
2. <u>Es wäre gut</u>, wenn er sich die Augen untersuchen ließe.
3. <u>Wahrscheinlich</u> war er betrunken; <u>vielleicht</u> wurde ihm aber auch schlecht.
4. Anderenfalls <u>scheint es unmöglich</u>, daß er den Fußgänger nicht bemerkt hat.

IV. Verkürzen Sie den unterstrichenen Satzteil:

*Beispiel*: Die Geldstrafen, <u>die für Verkehrsvergehen gezahlt werden müssen</u>, sind oft hoch.

Die *für Verkehrsvergehen zu zahlenden* Geldstrafen ...

1. Ampeln, <u>die gut vorprogrammiert sind</u>, sorgen für reibungslosen Verkehrsablauf.
2. Der Autofahrer, <u>den der Polizist anhielt</u>, war betrunken.
3. Der Rundfunk gibt laufend Verkehrshinweise, <u>die unbedingt beachtet werden sollten</u>.
4. Trotzdem kommt es immer wieder zu Staus, <u>die sich nicht vermeiden lassen</u>.
5. Der Querverkehr, <u>der die Hauptstraße kreuzt</u>, soll nicht zu sehr stören.

V. Setzen Sie die passenden Wörter ein:

*Beispiel*: Eine Straße, die an einem Ende geschlossen ist, ist eine *Sackgasse*.

1. Eine Straße, auf der Fahrzeuge nur in einer Richtung fahren dürfen, ist eine .....
2. Auf einer Straße, auf der Fahrzeuge in beiden Richtungen fahren, herrscht .....
3. Wer einen Unfall verursacht und einfach weiterfährt, begeht .....
4. Fahrzeuge, die jeder mit einem Fahrschein benutzen kann, bezeichnen wir als ..... .....
5. Wer ohne gültigen Fahrausweis fährt, ist ein .....

VI. Ergänzen Sie passende Adjektive:

*Beispiel*: Fußgänger, die nicht aufpassen = *unvorsichtige* Fußgänger.

(oder) = *leichtsinnige* Fußgänger

(oder) = *unaufmerksame* Fußgänger

1. Straßen ganz ohne Leute
2. Busse mit zu vielen Fahrgästen
3. Motorradfahrer mit wenig Fahrpraxis
4. Ampeln, die nicht mehr funktionieren
5. Verhalten, das gegen die Verkehrsregeln verstößt

VII. Was bedeuten die folgenden Hinweise?

*Beispiel*: Richtgeschwindigkeit 130!

Die Autofahrer *sollten hier nicht schneller als 130 km pro Stunde fahren.*

1. Keine Unterhaltung mit dem Wagenführer!

   Die Fahrgäste der Straßenbahn .....
2. Radarkontrollen! - In dieser Straße .....
3. Hier keine Haltestelle der Linie 8! - Die Linie 8 .....
4. Umleitung! - Der Autofahrer .....
5. Achtung Ausfahrt! - Hier .....

1984/1   I. Setzen Sie die fehlenden Präpositionen (im Bedarfsfall mit Artikel) ein:

*In der* Bundesrepublik gibt es _____ Gegensatz _____ anderen Ländern nur relativ wenige überregionale Tageszeitungen. Die Presselandschaft wird _____ _____ Vielzahl der regionalen und lokalen Blätter geprägt. Wie _____ anderen Ländern werden auch hier die Tageszeitungen _____ zwei große Gruppen unterteilt: die seriösen Blätter und die Boulevardzeitungen. Diese Einteilung ist nicht immer _____ Probleme, da man _____ manchen Blättern nur _____ Mühe sagen kann, _____ welcher Gruppe sie gehören. _____ Einführung des Fernsehens ist die Lage der Tageszeitungen schwieriger geworden. Da man die Nachrichten _____ Abend schon _____ Fernsehen gesehen hat, ist das Interesse _____ _____ Morgenzeitung geringer geworden. Viele Zeitungen legen daher mehr Wert _____ Hintergrundinformationen und kümmern sich weniger _____ reine Nachrichten. Die Entwicklung der Tageszeitungen berechtigt jedoch _____ _____ Hoffnung, daß _____ vieler Schwierigkeiten ein vielfältiges Angebot _____ Zeitungen erhalten bleibt.

II. Drücken Sie durch ein neues Wort einen Gegensatz aus:

1. Die Leserzahl dieser Zeitschrift ist in letzter Zeit nicht gestiegen, sondern .....

2. Unverkaufte Zeitungen werden normalerweise weggeworfen; nur einige Exemplare werden für das Archiv .....

3. Der Redakteur hatte den Namen des Einsenders vergessen; aber glücklicherweise hatte seine Sekretärin ihn .....

4. Einige Mitarbeiter lehnten den Vorschlag des Chefredakteurs ab, aber die meisten .....

5. Viele Leute lesen lieber knappe Berichte als .....

6. Reiselektüre sollte anregend sein, bei ..... Lektüre schläft man leicht ein.

7. In der letzten Zeit ist diese Zeitschrift miserabel; früher dagegen war sie .....

8. Großzügige Vorgesetzte sind beliebter als .....

9. Auch für Redakteure wird die Einführung von 35 Arbeitsstunden pro Woche und ..... von Überstunden vorgeschlagen.

10. Die Einnahmen des Verlags sind nicht in gleicher Weise gestiegen wie die .....

III. Bilden Sie aus dem angegebenen Adjektiv jeweils ein passendes Verb:

1. *modern:* Die Druckerei wird endlich .....

2. *nah:* Die Leserzahl der Abendzeitung ..... schon der Millionengrenze.

3. *gering:* Die Druckkosten müssen unbedingt ..... werden.

4. *lästig:* Ein Reporter sollte niemand mit seinen Fragen zu sehr .....

5. *weit:* Der Zeitungsverlag mußte seine Redaktionsräume .....

6. *breit:* Die Presseagentur hat eine Falschmeldung .....

7. *krank:* Die scharfe Bemerkung des Kritikers ..... den jungen Schauspieler.

8. *möglich:* Nur ein Kredit könnte den Umbau .....

9. *kurz:* Der Redakteur fand den Artikel zu lang und ..... ihn deshalb auf die Hälfte der ursprünglichen Zeilenzahl.

10. *mutig:* Anfänger sollten sich durch einen Mißerfolg auf keinen Fall ..... lassen.

IV. Verwenden Sie anstelle der unterstrichenen Ausdrücke Modalverben:

*Beispiel:* Diesen Artikel hat vielleicht ein Wissenschaftler geschrieben.

Diesen Artikel *kann/könnte ein Wissenschaftler geschrieben haben.*

1. Es ist nicht zulässig, unwahre Nachrichten zu drucken.
Unwahre Nachrichten .....

2. Der Reporter behauptete, daß er den Unfall selbst beobachtet habe.

3. Diese Wochenzeitung hat wahrscheinlich einen großen Leserkreis.

4. Für mich besteht kein Zweifel daran, daß diese Meldung falsch ist.

   Diese Meldung .....

5. Es wäre gut gewesen, wenn sich der Reporter besser informiert hätte.

   Der Reporter .....

6. Er war nicht imstande, eine brauchbare Auskunft zu geben.

V. Formen Sie die Sätze um, ohne den Sinn zu verändern:

*Beispiel*: Die negativen Auswirkungen des Fernsehens auf die Tageszeitungen sind allgemein bekannt.

Es ist allgemein bekannt, *daß das Fernsehen sich negativ auf die Tageszeitungen auswirkt.*

1. Die Zeitung wird den Beziehern ins Haus geschickt.

   Die Bezieher ..... ins Haus geschickt.

2. Der Reporter stellte Fragen, die sich nur schwer beantworten ließen.

   Der Reporter stellte ..... Fragen.

3. Die Anzeigen sind so zahlreich, daß man sie nicht alle lesen kann.

   Die Anzeigen sind zu zahlreich, .....

4. Infolge des Druckerstreiks konnten keine Morgenzeitungen erscheinen.

   a) Es konnten keine Morgenzeitungen erscheinen, .....

   b) Die Drucker streikten, .....

   c) Der Druckerstreik hatte zur Folge, .....

5. Bei Erscheinen der Tageszeitungen war die sensationelle Meldung schon über alle Fernsehsender gegangen.

   ....., war die sensationelle Meldung schon über alle Fernsehsender gegangen.

6. Ohne Modernisierung der Druckerei wäre die Zeitung nicht mehr konkurrenzfähig gewesen.

   Die Zeitung wäre nicht mehr konkurrenzfähig gewesen, .....

VI. Vervollständigen Sie die folgenden Sätze und benutzen Sie dabei die Informationen aus Teil I:

*Beispiel*: Die Zahl der überregionalen Tageszeitungen *ist in anderen Ländern (viel) höher* als in der Bundesrepublik.

1. Überall können zwei Gruppen von Tageszeitungen .....

2. Ob eine Zeitung der seriösen Presse zuzurechnen oder aber ein Sensationsblatt ist, läßt .....

3. Die Einführung des Fernsehens .....

4. Die Zeitungen versuchen, für ihre Leser interessant zu bleiben, indem .....

5. Wie ....., besteht berechtigte Hoffnung, daß die Vielfalt des Zeitungsangebots erhalten bleibt.

1984/2 I. Setzen Sie die fehlenden Präpositionen (im Bedarfsfall mit Artikel) ein:

_____ einigen Monaten liegt der längste Streik _____ Geschichte der Bundesrepublik _____ uns. Er war _____ Tat nicht nötig, denn _____ gutem Willen hätten die erzielten Kompromisse _____ Grunde auch _____ Streik erreicht werden können. _____ Unzufriedenheit besteht _____ Beendigung des Streiks weder _____ Druckindustrie noch _____ Metallarbeitern - abgesehen _____ wenigen Kleinigkeiten - Anlaß. _____ allen Dingen kann man _____ Milliardenschadens feststellen, daß die Tarifautonomie _____ Ende doch funktioniert hat. _____ übrigen werden sich die bundesdeutschen Produkte sicher auch weiterhin _____ Ausland gut verkaufen, da ja die Gewerkschaften _____ zurückhaltende Lohnforderungen _____ Stabilisierung des Kostenfaktors _____ längere Sicht beigetragen haben.

II. Ersetzen Sie die im folgenden Dialog unterstrichenen Ausdrücke durch das passende Modalverb (können, müssen, dürfen, sollen, wollen, mögen):

*Beispiel:* Wärest du in der Lage zu entscheiden, was richtig ist?
*Könntest* du entscheiden, was richtig ist?

A: Hast du schon gehört? Es heißt, daß die Tarifverhandlungen unmittelbar vor ihrem Abschluß stehen.
Hast du schon gehört? Die Tarifverhandlungen ..... unmittelbar vor ihrem Abschluß stehen.

B: Sehr wahrscheinlich ist das wieder nur ein Gerücht. Die Gewerkschaften haben gar keine andere Möglichkeit als hart zu bleiben, sonst verlieren sie ihre Glaubwürdigkeit.
Das ..... wieder nur ein Gerücht sein. Die Gewerkschaften ..... hart bleiben, sonst verlieren sie ihre Glaubwürdigkeit.

A: Du glaubst also, sie sind fest entschlossen, ihre Forderungen um jeden Preis durchzusetzen?
Du glaubst also, sie ..... ihre Forderungen um jeden Preis durchsetzen?

B: Vielleicht, ich weiß es nicht. Falls es aber dadurch zu einer Verlängerung des Arbeitskampfes kommt, so ist mit Schäden in Milliardenhöhe zu rechnen.
..... sein, ich weiß es nicht. ..... es aber dadurch zu einer Verlängerung des Arbeitskampfes kommen, so ..... man mit Schäden in Milliardenhöhe rechnen.

A: Das wünscht sich wohl keiner. Wenn aber niemand bereit ist, Kompromisse zu schließen, was dann?
Das ..... wohl keiner. Wenn aber niemand Kompromisse schließen ....., was dann?

III. Drücken Sie einen Gegensatz aus. Vermeiden Sie aber "nicht/un-":

*Beispiel*: Die Tarifpartner sind völlig zerstritten.

Hoffentlich werden sie sich bald auf einen Kompromiß *einigen*.

1. Initiativen zur Lösung des Problems sollten viel stärker gefördert werden. Die starre Haltung auf beiden Seiten hat aber bis jetzt jeden Lösungsversuch .....

2. Statt sich immer weiter voneinander zu entfernen, müßten die Tarifpartner ihre Standpunkte einander .....

3. Jeder versucht natürlich, seine Meinung durchzusetzen. Flexibel zu sein und in einigen Punkten ....., ist aber oft viel klüger.

4. Leider verdunkelt auch die Arbeitslosigkeit den wirtschaftliche Horizont. Durch den Streik wird er sich wohl kaum schneller .....

5. Durch Rationalisierungsmaßnahmen werden viele Arbeitsplätze zerstört, dabei müssen dringend neue ..... werden.

6. Wir müssen weiterkämpfen. Wenn wir jetzt ....., war alles umsonst.

IV. Formen Sie die folgenden Sätze um, ohne ihren Inhalt zu verändern:

1. Man hätte schon früher einen vernünftigen Kompromiß finden können.

   a) Ein ..... schon früher zu .....

   b) Ein ..... sich .....

   c) Es wäre ....., ..... finden.

   d) Die Möglichkeit ..... war ..... gegeben.

2. Dabei muß man auch an die volkswirtschaftlichen Auswirkungen denken.

   a) Dabei ist ..... denken.

   b) Dabei muß ..... gedacht .....

   c) Dabei hat ..... denken.

   d) Auch die ..... dürfen ..... vergessen .....

V. Verkürzen Sie den unterstrichenen Satzteil:

*Beispiel*: Das Streikgeld, das an alle Arbeiter ausgezahlt wurde, ist nicht gerade hoch bemessen.

Das *an alle Arbeiter ausgezahlte* Streikgeld ist nicht gerade hoch bemessen.

1. Einige Betriebe, die nicht im Tarifgebiet lagen, waren diesmal ebenfalls betroffen.

2. Die Rationalisierungsmaßnahmen, die getroffen werden müssen, werden noch verstärkt.

3. Dies macht die Hoffnungen auf baldige Beschäftigung, die von vielen Arbeitslosen gehegt wurden, zunichte.

4. In den Gremien, die für diese Fragen zuständig sind, sucht man fieberhaft nach Lösungen.

5. Die Verkürzung der Arbeitszeit ist eine Entwicklung, die man auch in anderen europäischen Ländern antreffen kann.

VI. Bilden Sie aus dem unterstrichenen Satzteil einen Nebensatz:

*Beispiel*: Bei maßvolleren Forderungen wäre der Schaden geringer gewesen. *Wenn die Forderungen maßvoller gewesen wären*, wäre der Schaden geringer gewesen.

1. Trotz des erheblichen Widerstandes der Arbeitgeber wird eine Verkürzung auf 35 Stunden in fernerer Zukunft möglich sein.

2. Zur Vermeidung unnötiger Härten für den Leser kamen sehr viele Zeitungen mit Notausgaben heraus.

3. Nach der Beendigung dieses Arbeitskampfes mußten beide Seiten ihre Fehler eingestehen.

4. Bei der großen Zahl der Beschäftigungslosen ist auch an eine Herabsetzung des Rentenalters zu denken.

1985/1  I. Ergänzen Sie die fehlenden Präpositionen, nötigenfalls mit dem Artikel:

_____ der Londoner Weltwirtschaftskonferenz im Mai 1984 stand ein Thema nicht _____ Platz eins der Tagesordnung, obwohl es, gemessen _____ seiner Dringlichkeit, _____ Abstand das wichtigste war: die Schuldenkrise. _____ dies-_____ Kernproblem, _____ d_____ sich die ganze Diskussion drehte, sollte möglichst wenig _____ die Öffentlichkeit dringen. _____ d_____ 800 Milliarden Dollar, welche die Länder der Dritten Welt den Banken der westlichen Industrienationen schulden, werden 350 Milliarden _____ gefährdet gehalten. Eine Summe, die die Vorstellungskraft eines Laien übersteigt. Keiner der Konferenzteilnehmer wollte diese Gefährdung offen _____ Sprache bringen. Denn der mögliche Sturm _____ die Bankschalter - falls die Kunden _____ Angst _____ ihr Geld gerieten -, ist _____ jede westliche Regierung eine apokalytische Vision. Um es gar nicht erst _____ einer Vertrauenskrise kommen zu lassen, ist _____ Ansicht der Fachleute kein Preis zu hoch.

II. Ergänzen Sie die Sätze, ohne ihren Sinn zu verändern:

1. Kein Preis ist zu hoch, um eine Vertrauenskrise zu vermeiden.
   a) Eine Vertrauenskrise muß ..... jed..... Preis .....
   b) Es ..... auf ..... Fall zu einer Vertrauenskrise kommen, koste es, .....

c) Wie hoch der Preis ..... sein ....., eine Vertrauenskrise ist ..... Fälle .....

2. Man glaubt, daß die Rückzahlung von 350 Milliarden Dollar gefährdet ist.

   a) Man ..... an, daß die Rückzahlung von 350 Milliarden Dollar in ..... ist.

   b) Es ..... die Vermutung, daß 350 Milliarden Dollar eventuell nicht .....

   c) Nach ..... mancher Leute ..... die Rückzahlung von 350 Milliarden Dollar ..... dem Spiel.

3. Die Summe übersteigt jegliche Vorstellungskraft.

   a) Man kann sich ..... einfach nicht .....

   b) Niemand kann sich ..... der Summe ..... machen.

   c) Die Summe ist zu groß, als .....

III. **Bilden Sie aus dem unterstrichenen Satzteil einen Nebensatz!**

   *Beispiel*: Wegen der Gefährdung von 350 Milliarden Dollar sind die westlichen Banken in großer Sorge.

       *Weil/Da 350 Milliarden Dollar in Gefahr sind*, sind die westlichen Banken in großer Sorge.

1. Bei der Überprüfung der Angelegenheit stellte sich heraus, daß die angegebene Summe nicht stimmte.

2. Trotz der heftigen Diskussion über die Schuldenkrise war sie nicht Thema Nummer 1 der Tagesordnung.

3. Zeit und Ort der letzten Weltwirtschaftskonferenz kann man dem vorangegangenen Text entnehmen.

   Man kann dem vorangegangenen Text entnehmen, .....

4. Zur Vermeidung einer Vertrauenskrise müssen alle nur denkbaren Anstrengungen unternommen werden.

5. Nach Abschluß der Verhandlungen werden wir Sie ausführlich über die Ergebnisse unterrichten.

6. Im Falle eines Konfliktes sind wir bereit, zwischen den Partnern zu vermitteln.

IV. **Drücken Sie einen Gegensatz aus, ohne "un-", "nicht" oder "kein" zu verwenden!**

   *Beispiel*: Es wurde alles versucht, die zerstrittenen Parteien zu

       *versöhnen/einigen*.

1. Etwas kann alle Erwartungen übertreffen, oder aber es .....

2. Es gibt nur ein Kernproblem, die anderen sind .....
3. Entweder man überwindet eine Krise, oder .....
4. Nur wegen seines regelmäßigen Einkommens gewährte ihm die Bank einen Kredit. Mir als Studenten hätte sie .....
5. Über manche Dinge spricht man ganz offen, andere .....
6. Freundliche Nachsicht bewirkt manchmal mehr als unnachgiebige .....

V. Erklären Sie die unterstrichenen Ausdrücke mit eigenen Worten, evtl. auch mit einem Beispiel:

*Beispiel*: Was ist eine Weltwirtschaftskonferenz? - *Eine internationale Tagung, auf der Politiker aus vielen Ländern über die Weltwirtschaftslage sprechen.*

1. Was ist eine Tagesordnung?
2. Was ist ein Laie?
3. Was ist eine Industrienation?
4. Was ist ein regelmäßiges Einkommen?
5. Was ist eine Vision?

VI. Bilden Sie aus dem Relativsatz jeweils ein Partizipialattribut und umgekehrt!

*Beispiele*: a) Der Betrag, der auf mein Konto überwiesen wurde, ist höher als erwartet.
Der *auf mein Konto überwiesene* Betrag ist höher als erwartet.

b) Die zur Lösung anstehenden Probleme dürfen nicht länger aufgeschoben werden.
Die *Probleme, die zur Lösung anstehen,* dürfen nicht länger aufgeschoben werden.

1. Die Punkte, die aus Zeitmangel nicht angesprochen wurden, wurden auf die nächste Sitzung vertagt.
2. Das meistdiskutierte Thema war die Schuldenkrise.
3. Die Großbanken, die um ihr Geld bangen, verlangen Sicherheiten.
4. Eine allseits befriedigende Lösung wurde nicht gefunden.
5. Die politischen Spannungen, die nun schon seit Monaten anhalten, haben das Verhandlungsklima weiter verschlechtert.

1985/2  I. Ergänzen Sie die fehlenden Präpositionen:

Aus der Statistik geht folgendes hervor:
Fast 100 Milliarden Mark zahlten die Deutschen _____ vergangenen Jahr _____ Prämien _____ die Konten der Versicherungskonzerne. Scheinbar ist

den risikobewußten Bundesbürgern, wenn es _____ ihre Sicherheit geht,
nichts zu teuer. Jeder Haushalt verfügt _____ Durchschnitt _____ 10 Ver-
sicherungspolicen, _____ stagnierender Einkommen und hoher Arbeitslosigkeit. Und damit auch wirklich niemand _____ eine Versicherungspolice
übrig bleibt, haben die Versicherer ein Heer _____ 40 000 festbeschäf-
tigten Vertretern _____ Policenjagd geschickt. _____ diesen hauptberuf-
lichen Versicherungsvertretern betreiben rund 300 000 nebenberufliche
Versicherungsvermittler _____ Arbeitsplatz, _____ Bekanntenkreis oder
_____ Nachbarn _____ die Ecke das provisionsträchtige Geschäft _____
der Sicherheit.

II. Bilden Sie aus dem Relativsatz jeweils ein Partizipialattribut und umgekehrt!

*Beispiele*: a) Es ist nicht immer leicht, unter den vielen Versicherungen,
die zur Wahl stehen, die beste und billigste herauszufinden.
Es ist nicht immer leicht, unter den *vielen zur Wahl ste-
henden* Versicherungen die beste und billigste herauszufinden.

b) Eine den Familien- und Lebensverhältnissen entsprechende
Versicherung ist wichtig.
Eine Versicherung, *die den Familien- und Lebensverhält-
nissen entspricht*, ist wichtig.

1. Alle weiteren Papiere, die wir im Augenblick leider nicht finden
können, werden wir Ihnen sobald wie möglich nachreichen.

2. Die im Februar vergangenen Jahres abgeschlossene Kraftfahrzeugversi-
cherung läuft Ende des Monats ab.

3. Das in der Bundesrepublik bestens florierende Geschäft mit der Angst
wird von den Versicherungsgesellschaften geschickt betrieben.

4. Bei Abschluß einer Versicherung muß man vor allem auf eine Deckung,
die im Schadensfall ausreicht, achten.

5. Anderenfalls könnte der Schadenersatz, den die Versicherung leisten
muß, unter dem Wert des betreffenden Gegenstandes liegen.

6. Gewisse durch die sogenannte "höhere Gewalt" verursachte Schäden sind
oft vom Versicherungsschutz ausgenommen.

III. Drücken Sie die unterstrichenen Wörter anders aus, ohne den Sinn des
Satzes zu verändern!

*Beispiel*: Aus der Statistik geht folgendes hervor:
Aus der Statistik *läßt sich* folgendes *ablesen*:

1. In den letzten Jahren <u>stagnierten</u> die Einkommen.
2. Die Bundesbürger <u>finden</u> Versicherungen wichtig.
3. Durchschnittlich <u>machen</u> die Kosten für Versicherungsprämie heute in der Bundesrepublik pro Haushalt 1490 Mark <u>aus</u>.
4. <u>Tut</u> der Bürger <u>zu viel des Guten</u> mit seinen Versicherungen?
5. Die Zuwachsrate der deutschen Versicherungsunternehmer <u>kann sich durchaus sehen lassen</u>.

IV. <u>Erklären Sie die unterstrichenen Ausdrücke mit eigenen Worten, evtl. auch mit einem Beispiel!</u>

*Beispiel*: Was ist ein <u>Versicherungskunde</u>? - *Jemand, der eine Versicherung abgeschlossen hat oder abschließen wird.*

1. Was ist ein <u>provisionsträchtiges</u> Geschäft?
2. Was ist ein <u>risikobewußter</u> Bürger?
3. Was ist ein <u>nebenberuflicher</u> Versicherungsvertreter?
4. Was ist eine <u>Arbeitsunfähigkeitsversicherung</u>?

V. <u>Ersetzen Sie den unterstrichenen verbalen Ausdruck durch eine Nominalwendung!</u>

*Beispiel*: Man <u>beachtete</u> seine Warnungen nicht.
   Seinen Warnungen *wurde keine Beachtung geschenkt.*

1. Er <u>entschloß sich</u>, keine Versicherungen mehr abzuschließen.
2. Über die Versicherungssumme wird noch <u>verhandelt</u>.
3. Es war schwierig, in dieser Angelegenheit zu <u>entscheiden</u>.
4. Wenn man die Bilanzen der schweizerischen Versicherungsunternehmen mit denen der Bundesrepublik <u>vergleicht</u>, so sind die der Schweiz günstiger.
5. Aus der Statistik kann man <u>schließen</u>, daß für viele Bundesbürger das Gefühl der Sicherheit sehr wichtig ist.

VI. <u>Bilden Sie aus den unterstrichenen Satzteilen Nebensätze!</u>

*Beispiel*: <u>Zum Schutz vor möglichen Gefahren</u> werden Versicherungen abgeschlossen.
   *Um sich vor möglichen Gefahren zu schützen,* werden Versicherungen abgeschlossen.

1. <u>Trotz der hohen Arbeitslosigkeit</u> machen die Versicherungsunternehmen gute Gewinne.
2. <u>Bei genauer Untersuchung der Statistik</u> ergeben sich interessante Werte.

3. Aufgrund eines starken Sicherheitsbedürfnisses werden hohe Versicherungsprämien gezahlt.

4. Der Versicherungsschutz tritt sofort nach Versicherungsabschluß in Kraft.

5. Im Zweifelsfall sollte man immer einen Rechtsanwalt zu Rate ziehen.

FRAGEN ZUR LEKTÜRE

Behandeln Sie insgesamt drei der hier gestellten Themen. Beachten Sie dabei, daß jeweils nur a) o d e r b) einer Aufgabe behandelt werden kann!

1983/1 1. Alfred Andersch: D e r  V a t e r  e i n e s  M ö r d e r s

a) Warum wird für den Schüler Franz Kien die Griechischstunde zum Alptraum? Wie beeinflußt sie seine Zukunft?

b) Versuchen Sie, die Persönlichkeit des "Rex Himmler" zu skizzieren. Warum ist er Franz Kien zutiefst unsympathisch?

2. Gerhart Hauptmann: D e r  S c h u ß  i m  P a r k

a) Ist die Anwendung des Sprichworts "Kleider machen Leute" auf Degenhart berechtigt?

b) Vergleichen Sie die Lebensweise des Onkels mit der des Barons!

3. Joseph Roth: D a s  f a l s c h e  G e w i c h t

a) Welche Veränderungen bewirkt das Auftreten des Leibusch Jadlowker im Leben des Eichmeisters?

b) Wie unterscheidet sich das Verhalten des Eichmeisters gegenüber Euphemia von seinem Verhalten gegenüber seiner Frau?

4. Kurt Sontheimer: D e r  u n b e h a g l i c h e  B ü r g e r

a) Welche Tendenz wird mit dem Begriff "Anspruchsinflation" gekennzeichnet? Wie erklärt sich historisch das Vorhandensein dieser Tendenz, und in welchen Formen und mit welchen Inhalten macht sie sich bemerkbar?

b) Beschreiben Sie die "Parteienherrschaft" in der Bundesrepublik Deutschland und ihre Entstehung!

5. Wendelgard von Staden: N a c h t  ü b e r  d e m  T a l

a) Welche Rolle spielt der junge Häftlich Kuba im Leben der Autorin?

b) Auf welche Weise erfährt die Familie der Autorin von dem im Lager Wiesengrund herrschenden Grauen und den Qualen der Häftlinge?

6. Hedda Zinner: K a t j a

a) Glauben Sie, daß Uwe Katja wirklich geliebt hat oder nur geheiratet hat, weil er sich dadurch Vorteile erhoffte? Begründen Sie Ihre Meinung!

b) Welche Situationen in der Kindheit Katjas gab es, in denen sie sich von ihrer Mutter allein gelassen fühlte?

1983/2 1. Alfred Andersch: D e r   V a t e r   e i n e s   M ö r d e r s

    a) Wie unterschieden sich die Unterrichtsstunden und der Charakter des
       Rex von denen des Lehrers Kandlbinder? Wie reagiert der Schüler Franz
       Kien darauf?

    b) Welches Erziehungsideal verkörpert der Rex? Wie behandelt er die ein-
       zelnen Schüler? Sehen Sie einen Zusammenhang zwischen dem Unterrichts-
       stil des Rex und der späteren Entwicklung seines Sohnes zum Massen-
       mörder in der Hitlerdiktatur?

    2. Gerhart Hauptmann: D e r   S c h u ß   i m   P a r k

    a) Wie verhält sich Baron Degenhart einerseits zur Baronin Weilern und
       andererseits zur Schwarzen Bibi? Welche unterschiedlichen Welten re-
       präsentieren die beiden Frauen?

    b) Wie verhält sich Baron Degenhart im Kreise seiner Familie? Durch wel-
       ches Ereignis wird diese Idylle zerstört? Wie reagieren der Baron De-
       genhart und seine Frau, die Baronin Weilern, darauf?

    3. Joseph Roth: D a s   f a l s c h e   G e w i c h t

    a) Beschreiben Sie den Charakter des Eichmeisters Eibenschütz. Gibt es
       Ihrer Meinung nach einen Unterschied in seinem Verhalten einerseits
       als pflichtbewußter Beamter und andererseits als Privatmann?

    b) Welche Rolle spielt die Grenzschenke im Leben des Eichmeisters?

    4. Kurt Sontheimer: D e r   u n b e h a g l i c h e   B ü r g e r

    a) Worin sieht Sontheimer die Ursachen für das "Sich-unbehaglich-Fühlen"
       von immer mehr Bürgern in der Bundesrepublik?

    b) Worin sehen Sie das von Sontheimer geschilderte, vor allem von den
       deutschen Intellektuellen beklagte Mißverhältnis von Macht und Geist
       begründet?

    5. Wendelgard von Staden: N a c h t   ü b e r   d e m   T a l

    a) Schildern Sie anhand einiger Episoden die kritische Einstellung der
       Mutter gegenüber der Nazi-Diktatur!

    b) Wie erlebt die Autorin das Nazi-Regime? Welche entscheidenden Ereig-
       nisse prägen ihre Entwicklung?

    6. Hedda Zinner: K a t j a

    a) Beschreiben Sie Katjas entscheidende Stationen ihrer versuchten Los-
       lösung vom Elternhaus. Warum scheitert sie dennoch?

    b) Hatten Ihrer Meinung nach die Eltern oder Uwe die "Schuld" an Katjas
       Tod? Begründen und belegen Sie Ihre Meinung!

1984/1 1. Alfred Andersch: D e r   V a t e r   e i n e s   M ö r d e r s

    a) Beschreiben und vergleichen Sie das Verhalten von Franz Kien und von
       Konrad von Greiff gegenüber dem Rex Himmler.

    b) Ist der Unterrichtsstil des Rex Himmler geeignet, Menschen zu einer
       demokratischen Gesinnung zu erziehen? Geben Sie Beispiele aus dem
       Buch!

2. Hans Werner Richter: D i e  S t u n d e  d e r  f a l s c h e n  T r i u m p h e

a) Welche Zukunft erwarten sich die zwei Hauptfiguren des Romans im Nazi-Regime? Veränderten sich ihre Einstellungen im Laufe der Ereignisse?

b) Welches Verhältnis hatten die beiden Willis zueinander? Welche Ereignisse verbanden sie? Was trennte sie?

3. Christiane Rumpeltes: A r b e i t s l o s

a) Wie empfinden Arbeitslose die Reaktionen der Umwelt auf ihre Arbeitslosigkeit?

b) Wie sehen die Arbeitslosen ihre Zukunftschancen? Geben Sie Beispiele aus dem Buch.

4. Klaus Schlesinger: A l t e  F i l m e

a) Vergleichen Sie das Leben von Karla und Kotte mit dem von Jakob und Ulla.

b) "In der Enge erstickt alles. Zum Leben braucht man Raum." Überprüfen Sie diese Aussage Kottes anhand von Beispielen aus dem Buch.

5. Michael Schneider: D a s  S p i e g e l k a b i n e t t

a) Beschreiben Sie das "Meisterwerk" des Zauberers Alfredo Cambiani! Welche Voraussetzungen mußten zum Gelingen dieses Tricks erfüllt werden?

b) Welche Rolle spielte Marco Cambiani früher im Schatten seines älteren Bruders Alfredo? Wie löst er sich von diesem Schattendasein? Was bedeutet das für Alfredo?

6. Carl Zuckmayer: H e r r  ü b e r  L e b e n  u n d  T o d

a) Wie erträgt Lucile das Schicksal, ein behindertes Kind geboren zu haben? Wie reagiert die Familie auf dieses Unglück?

b) Auf welche Weise glaubt der berühmte Chirurg, sich auch zum Herrn über das Leben seiner jungen Frau machen zu können?

1984/2 1. Alfred Andersch: D e r  V a t e r  e i n e s  M ö r d e r s

a) Ist die Unterrichtsmethode des Rex pädagogisch vertretbar? Wie verhält er sich gegenüber den einzelnen Schülern?

b) Franz Kien und der Autor sind identisch. Welche Eindrücke in seiner Kindheit bestärkten ihn in dem Beschluß, Schriftsteller zu werden?

2. Hans Werner Richter: D i e  S t u n d e  d e r  f a l s c h e n  T r i u m p h e

a) Interpretieren Sie den Titel des Romans "Die Stunde der falschen Triumphe". Welcher der beiden Protagonisten (der Lehrer Willi und der Friseur Willi) hat Ihrer Meinung nach am Schluß am meisten gelernt?

b) "Noch nie hatte es so etwas gegeben wie jetzt, nie ein solches Überwachungssystem, ein Netz mit so engen Maschen, aus dem der einzelne nur schwer entwischen konnte, hatte er sich einmal darin verfangen", heißt es im Roman (S. 167). Überprüfen Sie den Wahrheitsgehalt dieser Aussage anhand der Erlebnisse der beiden Willis.

3. Christiane Rumpeltes: A r b e i t s l o s

a) Sehen Sie nach der Lektüre des Buches Unterschiede in der Arbeitslo-
sensituation von Männern und Frauen? Beziehen Sie sich auf Beispiele
im Buch!

b) "Du wirst verrückt, wenn du nicht arbeiten kannst". Nehmen Sie Stellung zu dieser Aussage eines Arbeitslosen. Berücksichtigen Sie dabei
andere Beispiele aus dem Buch!

4. Klaus Schlesinger: A l t e  F i l m e

a) Wie erklären Sie die ungemein starke Reaktion Kottes auf den "Alten
Film" mit Frau Jeske als Darstellerin?

b) Karla und Ulla - was verbindet Kotte jeweils mit diesen zwei Frauengestalten?

5. Michael Schneider: D a s  S p i e g e l k a b i n e t t

a) Welche unterschiedlichen Gründe und Motive führen die Gebrüder Cambiani an, wenn sie erklären, warum sie Zauberkünstler geworden sind?
Sehen Sie auch Gemeinsamkeiten?

b) Welchen unterschiedlichen Künstler- und Menschentypus verkörpern die
Gebrüder Alfredo und Marco Cambiani? Geben Sie Beispiele aus dem
Buch!

6. Carl Zuckmayer: H e r r  ü b e r  L e b e n  u n d  T o d

a) Welche Einflüsse sind maßgebend für die Entfremdung, die bei dem
jungen Ehepaar schon bald eintritt?

b) Welche Erschütterungen "besiegen das Herz" Sir Norberts und führen
ihn wieder mit seiner Frau Lucile zusammen?

1985/1  1. Barbara König: D e r  B e s c h e n k t e

a) Schildern Sie das Leben Mommsens. Wie reagiert seine Frau Nina nach
der Ehrung des Feldgeistlichen auf ihren Mann?

b) Der Journalist Fröhlich behauptet, daß Mommsen ein Mensch sei, der im
Leben immer wieder Glück habe. Wie stehen Sie zu dieser Aussage? Begründen Sie Ihre Meinung anhand von Beispielen aus dem Buch.

2. Karin König/Hanne Straube: K a l t e  H e i m a t

a) Wie kann nach Ansicht der Autorinnen die Gleichberechtigung von Ausländern und Deutschen erzielt werden?

b) Die Autorinnen sind der Ansicht, daß Menschen mit verschiedener Natio-
nalität und mit unterschiedlichen kulturellen Traditionen viel voneinander lernen können. Teilen Sie diese Meinung? Begründen Sie Ihre
Stellungnahme durch Aussagen aus dem Buch.

3. Gudrun Pausewang: R o s i n k a w i e s e

a) Welche Lebensweise versuchen die Pausewangs zu verwirklichen? Mit
welchen Schwierigkeiten haben sie dabei zu kämpfen?

b) Warum empfindet Gudrun Pausewang die Erfahrungen, die sie während
ihrer Kindheit und Jugend auf Rosinkawiese machte, als sehr nützlich
für ihr späteres Leben?

4. Hans Werner Richter: D i e  S t u n d e  d e r  f a l s c h e n
T r i u m p h e

a) Widerständler, Mitläufer, Parteigänger - drei gängige Verhaltensweisen während des Nazi-Regimes. Zu welcher Gruppe würden Sie die beiden
Willis am ehesten rechnen?

b) Der Friseur Willi behauptete, er müsse "mit den Wölfen heulen". Was
verstand er darunter? Wie begründete er dieses Verhalten? Wie stehen
Sie zu dieser Haltung?

5. Klaus Schlesinger: A l t e  F i l m e

a) Warum ändert Kotte für einige Tage seinen Lebenswandel?

b) Ist Kotte ein Einzelschicksal oder empfinden auch andere Menschen in
der Geschichte ähnliche Gefühle?

6. Anna Seghers: D i e  S a b o t e u r e  -  A g a t h e  S c h w e i -
g e r t

a) Welche Veränderungen treten in das Leben der Agathe Schweigert? Schildern Sie ihr Leben vor und nach der Flucht ihres Sohnes.

b) Welche verschiedenen Formen des Widerstandes gegen das Nazi-Regime
stellt Anna Seghers in den beiden Erzählungen vor? Welche erscheinen
Ihnen am wirkungsvollsten?

1985/2 1. Barbara König: D e r  B e s c h e n k t e

a) Im Buch wird behauptet, Mommsens Frau Nina habe "vorübergehend einen
Schub von ungewöhnlichem Verhalten" gehabt. Geben Sie Beispiele und
benennen Sie die Ursachen. Wie reagiert Mommsen darauf?

b) Wie verändert die Ehrung des Feldgeistlichen Mommsens Leben? Welche
Rolle spielt dabei seine Frau Nina?

2. Karin König/Hanne Straube: K a l t e  H e i m a t

a) Erläutern Sie die Ursachen für die zunehmende Ausländerfeindlichkeit
in der Bundesrepublik! Welche Möglichkeiten zeigen die Autorinnen,
ihr entgegenzuwirken?

b) Welcher der im Buch wiedergegebenen Erfahrungsberichte junger Ausländer hat Sie am stärksten beeindruckt und warum?

3. Gudrun Pausewang: R o s i n k a w i e s e

a) Nach welchen pädagogischen Prinzipien werden die Kinder der Familie
Pausewang erzogen? Erläutern Sie die Erziehungsmethoden an Beispielen
aus dem Buch!

b) Warum konnten die Pausewangs ihr Ziel der Autarkie und der Selbstver-
sorgung nicht gänzlich verwirklichen? Welche Probleme und Schwierigkeiten stellten sich ihnen in den Weg?

4. Hans Werner Richter: D i e  S t u n d e  d e r  f a l s c h e n
T r i u m p h e

a) Schildern Sie die Erlebnisse eines der beiden Protagonisten des
Romans. Ist er seiner anfänglichen Überzeugung treu geblieben? Wie
würden Sie sein Verhalten charakterisieren?

b) Warum hatte der Lehrer Willi als Bürgermeister das Gefühl, zwischen
den Siegern und den Besiegten zu stehen? Warum verzichtet er darauf,
sich zu rächen?

5. Klaus Schlesinger: A l t e   F i l m e

a) Hat sich für Kotte nach seiner Rückkehr zur Familie etwas verändert?

b) Charakterisieren Sie Kotte. Warum empfindet er sein Leben als eng und warum versucht er auszubrechen?

6. Anna Seghers: D i e   S a b o t e u r e  -  A g a t h e   S c h w e i - g e r t

a) Welche Rolle spielt in den vorliegenden Erzählungen das Erlebnis der Solidarität? Nennen Sie bitte mindestens zwei Beispiele!

b) Welche besondere Rolle weist die Autorin den Frauengestalten in den beiden Erzählungen zu? Schildern Sie das Schicksal von mindestens zwei Frauen!

## THEMEN ZUM AUFSATZ

1983/1  1. Man kann heute feststellen, daß junge Menschen weniger Vorbilder haben und mit weniger Vertrauen in die Zukunft gehen als ihre Eltern. Was haben Sie dazu zu sagen? Sehen Sie Möglichkeiten, der Ausbreitung der "no future"-Einstellung entgegenzuwirken?

2. In den USA wählte eine Zeitschrift den Computer zum "Mann des Jahres 1982". Wie stehen Sie zu dieser Wahl?

3. Man hat vielen Deutschen nach dem Ende des Nationalsozialismus den Vorwurf gemacht, sie seien "Mitläufer" gewesen, weil sie keinen Widerstand geleistet haben. Was stellen Sie sich unter einem "Mitläufer" vor und wie bewerten Sie dieses Verhalten?

4. In vielen Großstädten kennen die Leute nicht einmal ihre Nachbarn. Welche Bedeutung haben die Nachbarn in Ihrer Heimat, und was stellen Sie sich unter "guter Nachbarschaft" vor?

1983/2  1. Seit jeher versucht der Mensch kraft seiner Intelligenz, seine Umwelt entsprechend seinen Wünschen zu gestalten. Welche Erfindung in der Menschheitsgeschichte finden Sie besonders wichtig, welche besonders bedrohlich? Und warum?

2. "Die Jugend von heute hat es besser als die in früheren Zeiten", ist manchmal von Älteren zu hören. Glauben Sie das auch? Nehmen Sie zu der Behauptung Stellung und begründen Sie Ihre Meinung.

3. Schildern Sie mindestens zwei besonders wichtige historische Ereignisse in Ihrem Land und begründen Sie Ihre Auswahl!

4. Mit welcher Art von Büchern befassen Sie sich am liebsten? Warum?

1984/1  1. Welche Bedingungen muß Ihrer Meinung nach ein Mensch erfüllen, damit man ihn einen "Künstler" nennen kann?

2. Wir sind von einer Flut von Werbung und Reklame umgeben. Wie beurteilen Sie als Konsument dieses Überangebot an Reizen?

3. Wenn Sie Einfluß darauf hätten, was und wie an den Schulen unterrichtet wird, welche Fächer und welche Unterrichtsmethoden würden Sie dann wählen?

4. Viele Jugendliche in westlichen Industrieländern verweigern sich heute der Gesellschaft. Man nennt sie "Aussteiger", so als stiegen sie aus einem Zug aus. Welche Gründe mag es für diese Jugendlichen geben, aus einem "normalen" Leben auszusteigen?

1984/2 1. In schwierigen Situationen Ihres Lebens hat es Menschen gegeben, die Ihnen geholfen haben. Schildern Sie so eine schwierige Situation, beschreiben Sie die Person und wie sie Ihnen geholfen hat.

2. Was wissen Sie über die Lebensverhältnisse in der Bundesrepublik Deutschland? Könnten Sie sich vorstellen, Ihr ganzes Leben dort zu verbringen?

3. Was verstehen Sie unter dem Begriff "gute Umgangsformen"? Wie weit scheint Ihnen das Verhalten im Zusammensein mit anderen Menschen wichtig für Ihr eigenes Leben und für die Familien- und Betriebsatmosphäre?

4. "Ich will von Politik nichts wissen!" - Nennen Sie Gründe, aus denen es zu dieser Haltung kommen kann und warum sie gefährlich ist.

1985/1 1. Wahlpropaganda und Wählerfang: Kann der politisch mündige Bürger sich überhaupt eine eigene Meinung über die Kandidaten bilden oder ist er auf die Meinung der Medien angewiesen und damit manipulierbar? Begründen Sie Ihre Ansicht!

2. Das Briefeschreiben war noch vor wenigen Jahrzehnten eine Notwendigkeit, aber auch eine Kunst, die fast jeder gebildete Mensch beherrschte und pflegte. Was macht, Ihrer Meinung nach auch heute noch den Reiz und das Vergnügen aus, einen persönlichen Brief zu schreiben oder zu empfangen? Vergleichen Sie das Telefonieren damit und wägen Sie Vor- und Nachteile gegeneinander ab.

3. Inwiefern unterscheiden sich die Lebensanschauungen, Lebensumstände und Lebensziele Ihrer eigenen Generation von der Ihrer Eltern? Worauf beruhen diese Unterschiede Ihrer Meinung nach?

4. Immer wieder kommt es in der Welt zu Katastrophen, die die großen Hilfsorganisationen durch Spenden aller Art zu lindern versuchen.

a) Was halten Sie persönlich von der Einrichtung solcher Hilfsorganisationen, deren Aufgaben und Arbeit?

b) Nehmen Sie Stellung zu der Kritik, die an diesen Organisationen teilweise geübt wird.

1985/2 1. Fast jede größere Stadt veranstaltet inzwischen "Festspiele" irgendwelcher Art.

- Welche Ziele verfolgt man Ihrer Meinung nach damit?

- Sind Sie der Meinung, daß diese Ziele sinnvoll sind und auch erreicht werden?

- Schildern Sie als Beispiel ein "Festspiel" Ihrer Heimatstadt/Ihres Heimatlandes und legen Sie dar, ob es sich dabei um eine Veranstaltung für die gesellschaftliche "Elite" handelt, oder ob auch die breite Bevölkerung daran teilnehmen kann.

2. Die Deutsche Eisenbahn feiert im Jahre 1985 ihr 150-jähriges Jubiläum.

- Welchen Einfluß hatte die Eisenbahn auf die Entwicklung Ihres Heimatlandes?

- Welche Rolle spielt dort heute noch der Schienenverkehr?

- Welche Zukunftsprognose würden Sie diesem Transportmittel stellen?

3. Sport als fröhliches Spiel und friedlicher Wettkampf, was ist daraus geworden?

   - Woran liegt es Ihrer Meinung nach, daß sich im Sport der Fanatismus immer mehr ausbreitet?

   - Sind Sie der Meinung, daß man mit großem Polizeiaufgebot in den Stadien dieser Entwicklung Einhalt gebieten kann, oder sollte man nach anderen (welchen?) Lösungen suchen?

4. Viele Menschen klagen heute über Zeitmangel, wissen dann aber mit ihrer Freizeit nichts anzufangen. Wie erklären Sie sich dieses Phänomen und was ist für Sie eine sinnvolle Freizeitgestaltung?